限定合理性への謬見

はじめに組織があった

FALLACY TO BOUNDED RATIONALITY

米川 清

税務経理協会

まえがき

　限定合理性だけにテーマを絞った本を，いつか書きたいと考えていた。それも，サイモンの意図した限定合理性に沿う形でありたいと願った。

　こうした思いは，『経営行動』（第2版）をたまさか十数年前に読み返し，初読の時には理解できていなかった巧緻な論理構成に唸り，ふつふつと湧きあがってきた。

　『経営行動』（第2版）の中では，限定合理性や満足化原理はサイモン自身も残余的な範疇であったと述べるように，あまり鮮明にはされていない。

　その前後の論文で，限定合理性や満足化原理は明らかにされてゆくが，願わくは，『経営行動』（第2版）の文脈の中で，限定合理性や満足化原理を論じてみたいと考えていた。

　今日では，限定合理性という概念は，解釈の幅を広げながら，あちこちで称賛されている。それは正しい方向を向いたものではないが，そもそも限定合理性とセットであった満足化原理の方は，陽の当たらない場所へ追いやられ，その光点を失いつつあるように思われる。

　本書は，『経営行動』（第2版）の文脈での，傍から見れば，おそらく異様な，サイモンの限定合理性と満足化原理への筆者の執着による所産と言ってよい。

　残念ながら，力及ばず，限定合理性だけで，本書を貫くことはできなかった。

　開巻と巻末の限定合理性への論稿が額縁の役割を担い，組織と市場について，サイモンの視点に立ったつもりで，オリバー・ウィリアムソンへいくつか否定的な言及を行った。残余で，ロナルド・コースとリチャード・ラングロワも論ずる構成となった。

　なお，繰り返し何度も読んだ論文としては，サイモンの極点ともいえる珠玉の短編「合理的選択の行動モデル」と「合理的選択と環境の構造」を挙げないわけにはいかない。

　また，他の著作であれば，ジェフリー・M・ホジソンの『現代制度派経済学

宣言』と『経済学とユートピア』の2作がある。とりわけ，ホジソンの企業と市場についての記述には，包括的な影響を受けた。

　正統派への批判の方向性について，サイモンの次に慣れ親しんだことは記しておくべきであろう。

　また，フレデリック・フーリー，ニール・ケイ，ゲルト・ギーゲレンツァー，ピーター・アールのポレミックな小論の影響も付記したい。

　　令和元年5月吉日

　　　　　　　　　　　　　　　　　　　　　　　　　　　　　米川　清

目　　次

まえがき

第1章　限定合理性への謬見 …………………………………………3
1　制約付き最大化 ……………………………………………………4
2　新種の限定合理性への批判 ………………………………………9
3　サイモンの軌道修正 ………………………………………………14
4　満足化の現代的主張 ………………………………………………19

第2章　「企業の本質」再考 …………………………………………33
1　市場と企業は同質か？——コースの二面性を前提として ………33
2　コースの定理をめぐる議論 ………………………………………37
3　「市場はなぜ，全ての企業を呑み込まないのか」
　　——ホジソンの批判 ………………………………………………40
4　フーリーの「市場は何も生産しない」をめぐって ……………42

第3章　前期オリバー・ウィリアムソンへの疑問 …………………47
1　サイモンとウィリアムソンの対立構図 …………………………48
2　ウィリアムソンの問題点 …………………………………………58
3　グラノヴェターのウィリアムソン批判
　　——「権威受容説」をめぐって …………………………………66

第4章　「消えゆく手」仮説の古典回帰 ……………………………75
1　垂直統合の生成と解体——ラングロワの論点整理 ……………75
2　「消えゆく手」仮説についてのいくつかの疑問 ………………81
3　モジュール化の罠 …………………………………………………88

第5章　後期オリバー・ウィリアムソンの路線変更 …………93
　1　市場−階層アプローチは，なぜ，路線変更がなされたのか……93
　2　取引費用経済学の新しい展開……………………………98

第6章　サイモンの限定合理性のその後 ……………………111
　1　プロスペクト理論vs満足化 ……………………… 111
　2　限定合理性の新たな射程 ………………………… 115
　3　限定合理的人間のモデル ………………………… 123

参考文献 ……………………………………………………… 129
あとがき ……………………………………………………… 141
初出一覧 ……………………………………………………… 143
人名索引 ……………………………………………………… 145
事項索引 ……………………………………………………… 149

限定合理性への謬見

－はじめに組織があった－

第 1 章　限定合理性への謬見

　ルネッサンス・マンと称せられたハーバート・サイモン（Simon）が席捲した知の領野は広大だが，根底をなすものは意思決定プロセスの研究である。限定合理性命題はサイモン理論の鍵概念であり，新古典派経済学の中核要件へのとどめの一撃である。
　最大化を墨守する主流派でもリアリティの獲得のために，限定合理性を部分的に借用し，期待効用最大化にいくつかの制約を加えた制約付き最大化が再構成された。
　また，行動経済学では合理性が破綻してバイアスが生ずる状況が分析された。実験結果では，人間は非合理性を抱いた意思決定者であり，主観的期待効用理論に決定的な風穴を開ける事前確率の無視が立証された。サイモンは実験を称賛して止まないが，合理性からの逸脱研究を限定合理性と称することについては，レトリックにすぎないと見ていた（Gigerenzer 2004）。
　今日，限定合理性命題は解釈が多様化し，未整理のまま包括的に論じられている。その理由の一端はサイモンも認めるように，主著『経営行動』（1957a）では，限定合理性という言葉は本文ではただの一度も登場せず，全ては文脈の中で語られるという残余的範疇の記述に留まったことに由来する。その結果，限定合理性は多義的な概念として捉えられ，恣意性が持ち込まれる余地が残った。サイモンにとって，大きな誤算となった。
　しかし制約付き最大化にせよ，合理性からの逸脱にしても，サイモン命題からすれば本質的な部分で正しい方向を向いていない。謬見というよりない。サイモン理論（1957a, p.xxiv）では，「意図的には合理的だが，しかし制限されている。即ち極大にする知力をもたないために，ある程度で満足する」行動の理論であった。
　本章では，サイモンが鳴らした反新古典の梵鐘は，今日どのように位置づけ

られるのか？そして満足化原理の命脈について論じる。制約付き最大化や行動経済学を射程に収め，限定合理性の今日的意義について問うことにする。

1　制約付き最大化

　サイモンの主著『経営行動』（1947）では萌芽的であった限定合理性の基本モデルは，「合理的選択の行動モデル」「合理的選択と環境の構造」（1955, 1956）の二論文に結実した。サイモン自身（1982, p.204）も，経済学の著作から知的生物の棲む他の銀河系に伝達するならこの2論文だという。経済学の論壇では，『経営行動』や『オーガニゼーションズ』に言及されることは先ずない。限定合理性の定義（1957b）は『人間行動のモデル』の第Ⅳ部の解説のところでは，「現実世界において客観的に合理的行動をするために解かなければならない問題空間の大きさに較べて，人間の思考能力（計算能力）はきわめて限られている」というものだった。つまり，人間の合理性は，知的能力の限界と環境構造の複雑性により制約されている。同年の『経営行動』の第2版への序文（1957a, p.xxⅳ）では残余的範疇だが，「意図的には合理的だが，しかし制限されている」と記された。両者ともに精緻とは言えないが，前者は経済学で，後者は経営学でしばしば引用される。

　限定合理性は後にサイモン（1972a）が別の理由を与えたこともあり，また概念的，理念的レベルに留まっていたために経済学の分野では毀誉褒貶に晒される。ロバート・オーマン（Aumann 1986）によれば，限定合理性は長い間重要性は認められていたが，形式化アプローチの欠如が進展の妨げになったという。しかし1980年代の後半になり，限定合理性という言葉はゲーム理論分野で俄然脚光を浴びる。

　先ず，ゲルト・ギーゲレンツァー（Gigerenzer 2002, p.39）の合理性の見取り図を概観しておこう。完全合理性は主流派の全知的な人間の合理性命題のことである。図表1－1で悪魔というのは，すべてを解析にかけることのできる知性であり，ラプラスの悪魔的能力を意味している。完全合理性は限定合理性

の対立概念であり、この章で議論するのは完全合理性以外の部分についてである。

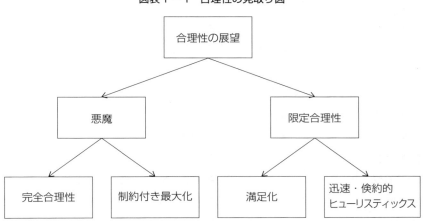

図表1－1　合理性の見取り図

　そこで制約付き最大化の要諦をなすプロセスは、制約された探索である。最適化を放棄しない限定された探索のモデルが制約付き最大化である。それはまた、制約下の最適化として、新古典派でも通用している。つまり主流派の制約付き最大化モデルは限定合理性を持ち込む一方で、最大化は堅持する。言い換えると、制約付き最大化のモデルを作ることで、主流派の最適化の理論的枠組はリアリティを持つと主張する。

　主流派の理論基盤はミルトン・フリードマン（Friedman 1953, p.19）の「as if」最大化ドクトリンである。木の葉の密度は、その葉が一枚一枚、あたかも日光の受光量を最大化するように意図的に向きを変えるという。人間もまた、あたかも制約付き最大化するように行動すると考えれば、記述的な妥当性を問う必要はない。理論は正しい予測を作り出すか否かによって検証される。仮定が現実的かどうかは差し詰めどうでもよい。この見地に立てば、どのように行動するのが合理的かというまさに哲学の問題になる。しかし、あたかも制約付き最大化するように行動するならば、限定合理性の限定の意味は制約の別名と

5

なり，限定合理性はたかだか，制約付き最大化の1部分にすぎなくなる。つまり，限定合理性は隠れ最大化として扱われ，限定合理性の本質は消失する。つまり，「極大にする知力をもたない」主体が最大化を試みる矛盾は隠蔽される。

　主流派には大きく4つのアプローチがある。サイモンはどのように見ていたかを以下に記そう。根本的な相違は，サイモンが「思考能力の限界のために，ある程度で満足する人間の行動」を論じたのに対して，新古典派の制約付き最大化では，情報費用や計算費用の制約が問題になる。

　第1は情報の経済学である。制約付き最大化の嚆矢は，スティグラー（Stigler 1961）の情報探索モデルである。完全合理性モデルでは，あらゆる情報は事前に全て入手しているホモエコノミカスを想定している。しかし，現実の人間は情報探索が必要である。そこで，情報探索費用が完全合理性の制約となる。スティグラーのモデルはサイモンの家屋販売の満足化モデル（1955）を借用したもので，中古車を購入したい消費者がディーラーの所在地を訪れ，情報（価格）を得る探索の限界費用と限界収入の均衡点で探索を停止する。探索の時間制約を予め設定し，探索の終了をどのように決定するかに関心が置かれた最大化モデルである。

　最適化は，最適な探索の終了を計算することではない。その意味では，この最適化は新種の最適化といえなくもない。スティグラーのモデルは均衡に至り探索は完了するが，探索がどのように実行されたかは問題にされない。サイモンの満足化モデルとの決定的な相違は，選択が実際にどのように行われるかの道筋が示されたか否かである。サイモンは，探索費用を導入した最適化モデルは心理学的なリアリティを欠いていると見ており，探索理論を古典的な最大化という古い皮袋の中に注ぎ返したと記している。

　第2は合理的期待形成仮説である。トーマス・サージェント（Sargent 1993）は『マクロ経済学における限定合理性』で，制約付き最大化を行うエージェントを計量経済学者のイメージとして捉え再現している。サージェントは全知性を修正し，適応的学習に基づく合理的期待形成を論じた。

　サージェント（1993, p.2）は「皮肉なことに，経済学者が合理性において

限定され，また環境理解においてより多様な考え方を持つモデルを作る時に，我々はもっと聡明にならなければならない。モデルは，数学的にも計量経済学的にもあまりに多くを要求されることになる」と記した。本の中では，合理的期待仮説は再帰的最小二乗法の学習として展開されている。サイモン（1996, p.39, n 18）は「適応的期待の概念に『限定合理性』の名称を借用しているのに，仮説証明の実証レベルでは『限定合理性』を使用していない」と異議を唱えた。

　第3はゲーム理論である。アリエル・ルビンシュタインの『限定合理性のモデリング』（Rubinstein 1998）には，豊富な事例が採録されている。探索履歴や有限回繰り返し囚人のジレンマでは，記憶の制約や状態の数の限界が示され，プレーヤーの最低価格の探索や利得の最大化が行われる。ゲーム理論では多種多様な限定合理性モデルが提供されている。モデルの多様性は，研究者がそれぞれ認知の異なる側面からアプローチした結果である。記憶，計算能力のどちらに限界を画すかで自ずと別のモデルになる。

　ダウ（Dow 1991）は予め低い価格の基準を設定し，基準よりも低い価格を記憶するようにした。ネイマン（Neyman 1985）も各プレーヤーの状態の数を設定した。有限回繰り返しでも回数が十分大きければ，協調行動がナッシュ均衡として記述できるとしている。サイモンは，エイモス・トヴェルスキーとダニエル・カーネマン（Tversky & Kahneman）を除く全てのモデルは安楽椅子の所産であり，実験の裏付けこそが肝要だとルビンシュタインの質問状に回答している。

　第4は新制度学派である。オリバー・ウィリアムソン（Williamson 1990b）は限定合理性命題を一面的に主流派経済学に統合し，取引費用経済学の覇権を構想した。取引費用経済学に於いては，すべての取引費用は本質では情報不足に起因する費用に還元される。最大化に必要な完全情報を得るには，限定合理性ゆえに費用が嵩む。この取引費用の最小化行動は，まさに標準的な最大化仮説の双対命題である。

　以上のように，取引費用経済学では不完全情報と限定合理性が強調されるが，限定合理性は不完全情報によって正しい判断ができないことではない。かりに

完全情報が提供されても思考の限界はなくならない。ウィリアムソンはリアリズムを指向する一方で，他方では新古典派の一翼を担う立場に留まり二匹の兎を追っているとサイモンは批判した。本当にリアリズムを追求する経済学者であるなら，新古典派経済学の理論的前提が間違っていることを承認しなければならない。

松島斉（1997, p.87）は，ゲーム理論について「能力の限界の制約付き最大化を計算する際，計算それ自体にかかるコストが制約のない場合と比べてどう変わるかについて何ら考慮されていない。これは深刻な欠陥だ」と指摘した。即ち計算や時間といった意思決定費用が発生する。

制約付き最大化は修正された最大化にほかならない。レベルの差はあっても，最大化の問題を解くということには変わりはない。『チェーンストアパラドックス』（1978）で，限定合理性命題の核心に迫ったラインハルト・ゼルテン（Selten 2002, p.17）は，代替案の選択の意思決定にはタイムリミットがあるという意味から，制約付き最大化について考察している。以前に経験したことがあり，数学的研究により精通している問題なら，意思決定者は最適な解決を直ちに提案できる。けれども問題が未知であると，二つのタスクを解決しなければならない。

レベル1：選択されるべき代替案を発見すること

レベル2：レベル1のための方法を発見すること

レベル2の問題への最適なアプローチは何だろうか。レベル1でなすべきことが瞬時にわからない意思決定者は，レベル2のタスクにも精通していないはずである。しばらくの間，レベル2のタスクを解決する最適な方法を発見するために時間を費やさなければならない。つまり最適化の「単に意思決定する」ことに比べ，制約付き最適化の「どう意思決定するかの方法を意思決定する」ことの方が難問となる。この問いは，レベルk＝2, 3, 4…と続き，レベルkはレベルk－1のための方法を発見するというように，「最適な方法を発見し，その最適な方法を発見し，そのまた最適な方法を発見し……」という無限後退をもたらすかもしれない。ゼルテンは未知の問題の最適化アプローチは，めっ

たに実現しないことを強く示唆している。

松島斉（1997, p.87）は「限定合理的な個人行動を『制約付き最大化』として定式化するのをやめ，たとえばサイモンの提案する『満足化』原理に立脚させるべきかもしれない」とナイーヴなゲーム理論への疑問を提示している。

2　新種の限定合理性への批判

ケネス・アロー（Arrow 2004, p.47）は，限定合理性の展開はサイモンの数多くの論文そしてトヴェルスキーとカーネマン（Tversky & Kahneman 1974, 以下T & K）や不完全合理的な行動の特殊仮説を引き継ぐ行動経済学者グループによって占拠されたと記した。限定合理性という言葉は同一でも，サイモンとT & Kを含む後者のグループにはかなりの隔たりがある。今日では後者グループのほうが主流である。またT & Kの諸論文では，1980年代半ばまで，サイモン文献は一切明示されず，カーネマン＝スロビック＝トヴェルスキー（1974）の選集の序文に申し訳程度にサイモンの名が添えられた程度である。

かくして限定合理性の理論は，現在2つある。限定合理性がいかに定義なき理論（Selten 1990b, p.649）であるにせよ，2つには正統と異端がある。しかし今日，正統的主張のサイモンの限定合理性は落日を迎え，異端であったT & Kが主流となりつつある。

T & Kの「ヒューリスティックス＆バイアス」（1974）は，人間はかくも愚かな間違いを犯すことの立証である。イツァーク・ギルボア（Gilboa 2011, 訳書5頁）によれば，トヴェルスキーは「意思決定に関する原理を1つ上げてください。それが破綻するような実験をしてみせますから」と言うのが口癖だったという。いかにイマジネーションが豊富なトヴェルスキーといえども，こうした言明に心理学理論として，どのような意味があるのかという素朴な疑問が生じる。

そこで彼らの最も有名な代表性の問題（1983, p.119）を以下に掲げ，彼らの主張とギーゲレンツァー（2007, 訳書128－144頁）の認知心理学的な批判を

引用しつつ検証していく。(英文挿入および下線：筆者)

> ＜リンダ問題＞ 「リンダは31歳独身，率直にものを言い，とても頭が良い。大学では哲学を専攻した。学生の時には差別と社会正義の問題に深い関心を抱き，反核デモにも参加した」
> 　次の2文のどちらがあてはまる可能性が高いと思いますか。(which of two alternatives was more probable：)
> ・リンダは銀行の出納係りである。(T)
> ・リンダは銀行の出納係りであり，フェミニズム運動家でもある。(T & F)
> 　(Linda is a bank teller and is active in the feminist movement.（T & F))

　実験では被験者の85％が，2番目の記述（T & F）のほうが1番目の記述（T）よりもあり得ると回答した。2番目の記述は1番目の部分集合であり，部分集合が集合自体を上回ることは決してない。この回答は単純な論理的誤りであり，大半の人々に共通する直観は連言錯誤だとT & Kは記した。

　ギーゲレンツァー（1996，p.592 - 596）のT & Kへの批判の骨子は次である。第1に，一度限りの出来事に確率（リンダは銀行の出納係かどうか）が突き付けられ，それに従って考えよとされる。これは状況をミスリードするものであり，確率は繰り返される出来事に適用されるものである。また，一度限りの出来事の確率はもとになる集団が特定されない。行動経済学をゲーム理論的に捉えるケン・ビンモア（Binmore 1999，F 22）も同じ不満を述べている。

　第2に，規範的ルール（連言規則）が問題内容を考慮しない規範で適用されている。T & Kの正解は内容や文脈を無視した論理では成り立つが，人間は知的経験則を用いて文面から物語を読み解き，もっともらしさ（代表性）を思い描く。スティーブン・J・グールド（Gould）の「ただの出納係のはずはないよ。説明をよく読んでごらん」は正鵠を射ている。正解の規範的ルール（連言規則）（1996，p.593）では，リンダの紹介文の2行目以降は無関係である。2行目以降は明らかに作為的記述であり，読む必要はない。

　そこで錯誤の源泉となる下線部のprobableとandという言葉は数理論理では，数学的確率と論理積である。ギーゲンツァーの指摘（ibid.，p.593）では，probableの意味は多義的で縮約できない。オックスフォード辞典（1971，p.1400

−1401）では，「もっともらしい」，「事実の特徴を持つ」，「現在の証拠から考えて起こることが妥当だと期待される」等が並ぶ。たとえば，probableという単語を「可能性」と解釈した場合では，（T）の「リンダは銀行の出納係りである」という文章は，「リンダは銀行の出納係りではあるが，フェミニズム運動家ではない」と暗に意味する可能性が生じうるという。

またandも，自然言語では論理積ANDであることは稀有である。文章の前後の発生順や因果関係や，時には論理和であったりもする。発生順では，marry and become pregnant，因果関係であればbecome pregnant and marryの例が掲げられている。結婚して妊娠するのは，ものごとの前後の発生順を示すのに対して，妊娠して結婚するのは暗にほのめかされる因果関係であるとしている。また和集合では，invite friends and colleague（「友人や仲間を招待する」）という使用法も指摘されている。ギーゲレンツァー（1996, p.593）はT＆Fの表現はif‐then型の条件文として理解されるべきだという。そうであるなら，「もしリンダが銀行の出納係ならば，彼女はフェミニズム運動にも積極的である」と解釈され連言規則には違反しない。

以上から，ギーゲレンツァー（ibid, p.592, p.594）は，推論するには規範（連言錯誤）があまりに狭いこと，狭い規範から逸脱する判断を認知的錯視と見做すことについて，プロセスをないがしろにして規範に従うか，あるいは逸脱するかの証明に終始していると批判する。またT＆Kは認知的錯視という言葉を多用するが，錯視の現象自体，エッシャーのだまし絵のように「だれが見てもそうとしか見えない」というほどのことでもない。ギーゲレンツァーの実験では問題を明瞭に再記述したり，別な問題では確率を頻度で表すと，認知的錯視の研究の効果は殆ど消失するという。

ギーゲレンツァーの指摘はもっともである。またリンダの紹介文自体が，作為的で人工的であるというギーゲレンツァーの指摘によれば，偽の手掛かりとも考えられる。文意を読み取る過程で，しばしば直観的理解は瞬時に連言規則を超える域にも達する。

またT＆K（1982, p.156−157）は，人間の直観を裏切る例として次のタク

シー問題を提示している。

> **＜タクシー問題＞** ある夜，タクシーによるひき逃げ事件が発生した。街には緑の
> タクシーと青のタクシーの2つのタクシー会社がある。その街を走るタクシーの
> 85％は緑のタクシーで，15％が青のタクシーである。目撃者はひき逃げは青のタク
> シーだったと証言した。裁判官は当日と同じ状況下で目撃者の信頼性を検査し，ど
> ちらの色も80％は正しく識別できるが，20％は間違えると結論づけた。事件を起
> こしたタクシーが青のタクシーの確率はどのぐらいか？　　　　　（正解41％）

　実験では回答の中央値・最頻値は80％だった。目撃者の識別力80％に一致する。T＆Kによれば「基準率無視」だとされる。コーエン（Cohen, 1981, p.150 - 151）によれば当該問題は，人間の直観とは整合しないと言う。

　問題となる色の恒常性（識別力）は，状況の人工的照明と本人の視覚系の生理条件で決まる。目撃者の視覚に，緑の反応を引き起こした車の色が間違っているとする17／29の条件付確率は疑問である。陪審員が目撃者の識別力の20％が間違いだと知っていれば，データ（目撃者証言）の信頼性の80％が正解である。その街に緑色や青色のタクシーがどのくらいの割合で走っていたのかという85％対15％の「事前確率」は無関係である。事件が起きた状況で，目撃者がひき逃げのタクシーの色を同定する確率は上がりも下がりもしない。仮に緑色のタクシー会社が突然，台数を増やしても目撃者の視覚の精度に影響すべき要因ではない。

　ギーゲレンツァー（1996, p.592）によれば，このようなT＆Kの出題は問題内容を吟味して，一連の想定を置いて，統計モデルを作る手順を採用していない。ベイズの定理から検討が始められ，値や計算を当てはめ，機械的に決定されるべき1つの正解だけを想定していると指摘する。タクシー問題はヒューリスティックスを安易で短絡的であると指摘するための例題であり，基準率無視の出題である。80パーセントと解答する基準率無視の問題は，一般的には確率に従わず，もっともらしさに求める「代表性」に帰せられる。

　ビンモア（1999, F17）は，「T＆K学派の実験環境下では，正しく予測する経済理論を期待するべきではない」として，試行錯誤的学習を認める実験室

の条件として次の3条件を提示している。①問題自体が適度に単純で，且つわかりやすく提示されていること，②誘因が適正に与えられていること，③試行錯誤的学習のための時間が十分に与えられていることだった。

タクシー問題は現場検証者から目撃者，そして裁判官と視点が移ってゆくために，適切な視点がとりにくく，視点の統合が難しい問題である。紙と鉛筆があり，問題構造を考えて，モンティ・ホール問題のように視点を変えて考えれば正解は得られる。けれども理屈では理解しても，人間の直観を根本から裏切る出題であり，ベイジアン合理性を掘り崩して，やはり人間の直観は非合理的な判断をするものだと語っているように思える。

ギーゲレンツァー（2004, p.396）によれば，サイモンは合理的経済人モデルの誤りを決定づけたT＆Kの実験結果を称賛していた。サイモン論文（1976, p.134）でも，T＆Kの論文「予測の心理学」（1973）でのGPA統計と大学の相関関係の基準率無視の論文を肯定的に引用している。おそらくサヴェジの主観的期待効用（SEU）理論に，決定的な風穴を開け且つ立証したことを高く評価したのであろう。

かくしてT＆Kの研究は，現実の生活よりも実験室の方が劇的な効果が上がり，T＆Kやその信奉者の発見の適用範囲や合意についての論争は今なお繰り広げられているものの（Gilboa 2011, 訳書p.41），T＆Kらの行動経済学は新古典派パラダイムの枠を切り裂き，経済理論の状況を一変させたのは疑いない。

T＆Kの「限定合理性」の特徴を，以下に数え上げておこう。

1 標準的理論が説く完全合理性からのシステム的逸脱を論証した。
2 実験結果により，規範（確率や最適化）からの逸脱を分析する。逸脱は，認知的錯誤から生じ，基準率無視や連言錯誤のようなエラー研究を限定合理性の研究と定義づけた。
3 認知能力と環境構造の両面から「限定合理性」を捉えるサイモンと異なり，環境構造については不問であり，「限定合理性」の定義は全て認知能力の制約に向けられる。

アロー（2004, p.54）もまた，限定合理性を基礎とした経済理論を待望している。だが推論の文脈で限定合理性を定義するアイディアは，「まだ暫定的ではあるものの成功しない」と結論づけている。T & Kの研究はヒューリスティックスが引き起こす判断エラーの論証である。彼らは論理のアクロバットのようなフレーミング効果を狙った問題を矢継ぎ早に繰り出すことに性急すぎたように思う。その結果，プロスペクト理論（1979）では，損失回避とリスクの追求という選好の逆転の定式化まで辿りついていたのに，カーネマン＝フレデリック（2002）が「二重プロセスモデル」で，事実上，直感と熟慮の二重過程の定式化を試みるまでは，限定合理性の理論的貢献には一切関心を示さなかった。

3　サイモンの軌道修正

　最晩年のサイモン（1997b, p.118, 訳書184頁）は「①経営理論とは，意図され，同時に限定された合理性に固有の理論であり，いいかえれば，②最大化する知力をもたないために満足化をはかる人間の行動理論である。『経営行動』の初版が書かれたときに，経済人のモデルは，満足化をはかる経営人のモデルよりもより完全なものとして，かつ形式的に展開されていた。その結果として，限定合理性は主として残余範疇——合理性からの離脱——として定義され，選択過程の具体的な特性描写はあまりに不完全だった」と記述している。（番号，下線：筆者）

　上記『経営行動』のコメンタリーからの引用は，①が限定合理性であり，②が「満足化」のかなり省略的な言及である。①と②はセットで提示され，内容は1957年の『経営行動』の第2版への序文（訳書21頁）と同内容である。その後に新たに書き加えられた反省の弁が興味深い。だが，いかに説明が不完全であったにせよ，なぜ合理性からの逸脱とまで誤解されたのであろうか。

　ここでは，限定合理的な人間の合理的選択についてのサイモンの記述が，どこでどのように読み違われたのか？サイモンの誤算も含め推測を行ってみたい。

1970年代に入ると，サイモンはかわらぬ反新古典の立場のまま，「限定合理性の理論」（1972a）の頃から経済学へ再参入する。そして「実質合理性から手続合理性へ」（1976, p.131 - 2）では認知心理学の豊富な持参金を土産にして，サイモンは「実質合理性」と「手続合理性」のコントラストを提示した。

新古典派の前提は，合理的経済人仮説と最大化仮説である。1975年までのサイモンは，新古典派の完全合理性前提への対立命題が限定合理性であった。1976年以降になると，完全合理性対限定合理性という対立図式は撤回される。そして，実質合理性対手続合理性という問いの立て直しが行われた。実質合理性とは主体内に何ら制約がなく，外的制約のみを与件として主体は効用最大化を行う。対して，手続合理性では，主体はあくまでも認知的制約をもち，適切な熟慮がなされ，意思決定のプロセスが明示的に示されるなら，その行動は手続合理的と規定された。図表1－2に示そう。

図表1－2　サイモンと新古典派の対立軸（サイモン，1976）

	サイモン	新古典派
〜1975年	限定合理性	完全合理性
1976年代以降	手続合理性	実質合理性

コンヴァンシオンの経済学のオリヴィエ・ビヤンクールら（Biencourt 2001, 訳書246 - 9頁）は，限定合理性を合理的経済人仮説への内在的批判として注目していた。彼らが明晰だったのは，最大化仮説という新古典派の命題に対応して，完全合理性と実質合理性は同一地平に配置されるが，限定合理性と手続合理性は同一の地平ではなく，別物であると指摘したことにある。

限定合理性は当初，控えめな記述だった。その結果，既述の制約付き最大化のように，新古典派理論の弱点の補強に利用されたり，その逆に合理性の否定的な把握の仕方を一面的に発展させ，いつも劣った結果に満足するとのミスリードも生まれた。しかし経済主体の認知能力の限界を承認し，限定合理性しか持ち合わせていないだけなら，『学者人生のモデル』（1991a, 訳書464頁）でサイモン自らが語るように，限定合理性の概念は新古典派理論の妥当性を攻撃

しているだけで，新古典派に代わりうるものについてはヒント以上のものは何もない。即ち，合理性の経済学的把握について積極的な貢献はなされない。このようなネガティブな側面をどう克服すればよいのかという問いを，サイモンは自らに課した。限定合理的ではあっても，「十分よいと思う」満足化基準が均衡論に馴染まないためか，主流派では蓄積的な研究はなされず，広く適用されないまま，時は経過した。

　したがって，どのように限定合理性を積極的に定義しても，新古典派摩天楼の倒壊にはさすがに無理があるとの見方が一般的な了解になった。どうやら，このあたりにサイモンの誤算があった。サイモンの意識変化を辿ってみよう。

　経済学への復帰を告げる論文「限定合理性の理論」（1972a, p.164）で，サイモンは限定合理性について「最終的には，合理性は，費用関数の複雑性を想定すること，あるいは最善の行動経過を計算することを断念させる環境の制約によって，制限されている」として再定義を行った。唐突に現れた「費用関数の複雑性」という言葉は探索コストを考慮して新たに付加された内容である。明晰な定義とは言えないが，限定合理性に別な理由を与えている。また，従来の「計算能力はきわめて限られている」に比べ，限定合理性の肯定的な特徴がアピールされている。1976年論文（p.134 − 5）となると，ベイズの定理を裏切る実験結果として，ウォード・エドワーズ（Edwards）の「書類袋とポーカーチップの実験」による事前確率への固執やT & Kの事前確率無視の実験が肯定的に引用されている。限定合理性の肯定的特徴を強調した後で，合理性からのシステム的逸脱に賛同するのは主観的期待効用の否定では共通するが，論理整合的とはいえない。

　サイモンは現実には存在しない完全合理性に対して，経済学的思考と心理学的思考を程よくバランスさせた限定合理性を対峙させてきた。けれども草稿を改訂した主著『経営行動』（1947）では，限定合理性という言葉そのものは登場せず，文脈の中で漠然と語られたに過ぎない。その種が時を経て，限定合理性，満足化，手続合理性の広大な思想を形成するのだが，初期の種子が経済学の畑に飛ばされ，多くの人々にとってあまりに多義的な意味をもつことになる。

日く限定合理性はT＆Kのように否定的に定義された合理性概念でありうるし，「最適化ではないあらゆるもの」を含むブラックボックスのように人々に浸透していった。

その後改訂を重ねられた『経営行動』（1957a，1997b）でも，限定合理性は本文には一切登場しない。第二章の「経営理論の若干の問題点」のハイライト部分から検証しよう。この章では「『能率の原則』は，希少の手段を用いてある目的の達成を合理的に最大にしようとするどんな活動にもある特徴であるから，この原則は経営理論の特徴であるのと同じく経済理論の特徴でもある」とされている。実際のところ，経営人は最大化を達成する知力を持たないが，最大化が経営活動の目的であることをサイモンは否定していない。また限定合理性については，「合理性の限界」という言葉で語っている。個人には，第1に技能，習慣，反射運動，第2に価値及び目的概念，第3に知識の程度という3つの制限側面がある。そこで，最大化が行われる状況としての完全合理性を仮に「円」と仮定すれば，限定合理性は内接する限界の三角形になる。図表1－3に示そう。

図表1－3　限界の三角形

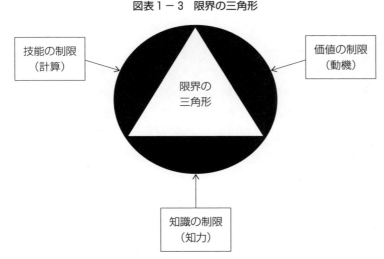

限界の三角形の外側の黒い部分が合理性の欠落である。サイモンが読み誤っ

たことは，Ｔ＆Ｋの研究がまさにその典型だが，衆目の関心が限界の三角形（≒限定合理性）の外の黒い欠落分析へと向かったことである。サイモンの限界の三角形の真意は，個人の合理性はかくも制約を受けているのだが，組織の成員となると，組織の影響力によって，たとえば組織一体化に示唆されるように，個人の忠誠心をより大きな組織的構造の中で育成された価値観（組織目標）へと順応させ，広い目的へのものへと移すことであった。つまり，サイモンの管理理論は，合理性の限界が静止しているのではなく，変わりうるものとして扱うことにあった。だが，限界の三角形への心理学的吟味やオーソリティによる差配，そして非公式組織による情報の横の広がりなどによる個人の合理性の領域の拡大についての議論は存外乏しく，目立った成果はなかった。

　サイモンの意向は限界の三角形の合理的な面についての心理学的な吟味にあった。その「より限定されていない合理性」に向けて，満足のいく経路を探索できるようにするのが満足化原理だった。おそらくサイモンは限定合理性という言葉では，組織や個人の認知プロセスを陽に語りえないジレンマに苛立っていたに違いない。

　そして「実質合理性から手続合理性へ」（1976）以降，限定合理性という言葉はサイモンの表舞台から暫時，影をひそめる。その代わりに手続合理性という用語が前景化してくる。

　サイモン（1976, p.131）では，「行動が適切な熟慮の結果である時は，手続的に合理的である。その手続合理性は思考が生み出されるプロセスに依拠している」と説明している。手続合理性の原型は，『経営行動』（1957a，訳書97頁）に僅か数か所だが存在していた。たとえば，「目的への手段（≒代替案の選択）の適用が熟慮の末に行われた場合，『熟慮的に』合理的である」がそれである。だが，それも目を引く記述ではない。かくして完全合理性対限定合理性という対立命題は終焉を告げる。そして主流派を実質合理性と措定し，サイモン自らの立場は手続合理性にあるとして，反新古典のより基底的な疑問を再提示する。

　論文（1976, p.131）では「心理学者が合理的という言葉を使用するときは，通常念頭に置くのは手続合理性であり，合理性とは推論に特有な思考プロセス

である（W. ジェームズ）」という。そして心理学の関心事は、結果よりもむしろ思考のプロセスであることを強調している。限定合理性命題は棚上げされ、手続合理性という心理学的な命題へ差し替えられた。

　かくして合理的決定に積極的関与するものとして登場したのが、手続合理性である。手続合理性では認知過程が重視され、行為の結果ではなく意思決定に至る熟慮の内面過程が問われる。熟慮プロセスでは、行為主体の目標、環境に関して主体が持つ情報や注意、情報から主体が推論を引き出す能力などが考慮される。また、行為主体が熟慮するときは計算だけではなく、解釈もなされる。

　満足化原理とは問題に応じて、不完全な情報のもとで不可能なことをせずに、妥当な計算量で、満足のいく選択が実際にどのように行われるかを示すことである。但し、満足化原理を志向しているからということで、手続合理的と見做すのではない。行為が適切な熟慮の下で行われているか、という意思決定手続きのプロセスが問われる。満足化も手続合理性に準拠している。合理的経済人仮説とは非整合的な、意思決定者が慎重に検討する熟慮プロセスこそが、本当の意味で合理的であると、サイモンは主張したのだった。

　かくしてサイモンは、実質合理性と手続合理性間の対立を鮮明にしていく。そして完全合理性と限定合理性間の当初の対立は放棄された。サイモンは手続合理性を提示することにより、期待効用最大化とは異なった合理性の新たな経済学的枠組を提示することになる。

4　満足化の現代的主張

　1985年10月、サイモンやT＆Kを含む著名な経済学者がシカゴ大学に集う「経済理論の行動基盤」と題された会議の基本合意が表明された。第1に、新古典派の合理性前提が合意され、第2に合理的選択から逸脱する実験証拠の重要性が承認された。つまり、主流派の基本命題とT＆Kのシステム的逸脱が、正副の序列で両論が併記された。アローだけはサイモンの限定合理性を支持したが、新古典派前提の不毛を直言したサイモン（1986）は、行動経営学の勃興

の中でも，表舞台からフェードアウトしたといってよい。なぜ，満足化は主流派から斥けられ，T＆K以降の新しい行動経済学からも見送られたのか？

　それは，満足化原理の反新古典，反均衡が苛烈を極めたことが最大要因だろう。もう1つはジョセフ・ピット（Pitt 2004, p.486）が指摘するように，一般モデル化への生理的嫌悪を持ちつつ，限定合理性に限り無い愛着を抱き続けたサイモンの知的廉直に帰せられる。それでは現在，満足化は命脈が尽きてしまったのか。先ず，現代状況に至る経過を検討しておこう。

　満足化原理の原初形態は，「雇用関係の定式化理論」（1951, p.296）の労使双方が満足する契約や「組織理論の比較」（1952, p.3）の誘因‐貢献の差額に満足する組織の生存可能解に窺い知ることができる。前者は雇用関係の有限モデルとして有名だが，サイモン（1991a, p.166）自身は，最大化への迎合であり，「反動的であった」と自己批判している。当初は生存可能（viable）という表現が用いられた。また，「社会科学モデル建設のいくつかの戦略的熟慮」（1954）では，心理学的見地から要求水準という言葉が使われ，達成水準が不満なとき，最少の満足を表すゼロ・ポイントに向かって回帰するプロセスが図示された。満足化原理の幕開けは，やはり「合理的選択の行動モデル」（1955）である。探索するプロセスと要求水準により，満足な代替案の選択プロセスが論じられた。また，要求水準が歴史依存的であることや，満足化の本質を意味する「ほどほど十分に」という言葉も付録に記された。翌年の「合理的選択と環境の構造」（1956, p.129）で最適化に対峙する言葉として満足化が初めて登場する。最適者生存に並行性を見る新古典派の最大化行動に対し，「明らかに，有機体は程よく満足化に順応しているのであり，最適化しているのではない。」と，論文の冒頭で明示された。サイモンの満足化は，ライオネル・ロビンズ（Robbins 1937）の序数的効用に基づく新古典派前提の批判であった。

　満足化は，同僚のリチャード・サイアートとジェームズ・マーチ（Cyert & March 1963）では，受容可能な最低限をとにかく達成することだった。満足化がやや退潮になりかけた頃，進化的アプローチのリチャード・ネルソンとシドニー・ウィンター（Nelson & Winter 1982）が最大化と均衡という新古典派パラ

ダイムを再び拒絶した。彼らによれば，もし企業が組織ルーティンに満足していなければ，熟慮の結果，局所的サーチが行われる。既述の通り，1972年頃から経済論壇に復帰したサイモンは，合理性の経済学的把握を刷新するべく，実質合理性対手続合理性という問いの立て直しを行った。

これに対して能力アプローチのリチャード・ラングロワ（Langlois 1989）はサイモンの実質合理性の批判が，複雑性から導き出されたことを問題視する。ラングロワによれば，サイモンはあたかも簡単な最適化がどこかに存在するかのように想定している。しかし実のところ，チェスや複雑な微分方程式のような現実に用いられる計算とはかけ離れた難問を提示して，手続合理性と満足化を唱導しているという。ラングロワによれば，サイモンはデカルト的だという。ラングロワのこの主張は，比較的近作の『消えゆく手』（2007）に至るまで変わっていない。そして「問題点の全てが情報処理や計算能力の制約だけなら，満足化は直ちに最大化と同じになる」という。確かに計算にコストがかかることだけを考慮に入れるなら，青天井の満足化であれば最大化と整合しないとはいえない。実際サイモン（1997c, p.296）も晩年近くの経済学辞典の満足化の用語説明では，「満足化プロセスは探索費用を考慮すれば，最適化プロセスに変換することができるだろう」とも記した。しかし，そのすぐ後で，満足化から最適化への変換には，情報や計算のためにかなりの過重負荷を強いることを強調した。先に述べたゼルテンの説明のように，計算コストを考慮した最大化の意思決定では最大化よりも難しい問題を解かなければならない。ハーサニ（Harsanyi）の信念についての信念，「信念についての信念」についての信念という"信念の階層"の問題と同様である。つまり「どう意思決定し，どう選択するか……を意思決定する」という無限後退を構成することになる。

そこで問題なのは，ラングロワが要求水準の最適適応だけを満足化と見做し，おそらくスティグラーに端を発する制約付き最大化と満足化を同一視したことである。サイモン（1955, p.112）は，「合理的選択の行動モデル」で，いち早く「代替案を発見するための費用」としての探索の計算コストを提示した。その計算コストを明示的に組み込んだ制約付き最大化は，その後広く波及してい

く。

　オーマン（Aumann 1986）が指摘するように，形式化の欠如が限定合理性の進展の妨げになったのは事実である。おそらくサイモンの満足化を一番忠実に定式化したのは，ギルボアとシュマイドラー（Gilboa & Schmeidler 1995）の事例ベースの意思決定論ではないか。概略は以下である。

　事例ベースの意思決定論では，人々はそれぞれ過去に遭遇した事例の記憶を所持し，新しい意思決定の機会に直面すると過去の事例を参照しながら類似度に基づき意思決定を行う。ギルボアら（1995, p.610 - 2）は次の基本公式を示し，事例ベースの意思決定論のモデルは，サイモンやマーチ＝サイモンの満足化の形式化と見做されるかもしれないと記した。

$$U(a) = U_{p, M}(a) = \sum_{(q, a, r) \in M} s(p, q) u(r)$$

　事例を（q, a, r）という三つの要素からなる組と定義し，問題はq，行為はa，帰結がrである。新しい意思決定問題pに直面したとき，意思決定主体は記憶M，問題の類似関数sおよび帰結rの効用関数uを用いる。それぞれの選択肢は，それが過去にどのくらいの効用をもたらしたか，そしてその時の状況がどの程度現在の状況に類似しているかという2点から評価される。

　事例ベースの意思決定論では，意思決定者の行動が要求水準を超えるプラスの結果であれば満足し，選択肢がマイナスの結果であれば現状に満足せず，ほかの選択肢を探索する。効用関数は累積的であり，過去に採択された選択肢が好まれるのは，ただ単にその選択肢が何度も採択されたからだ。高い効用値を追及するのではなく，むしろ習慣形成を説明することが主眼だった。たとえば要求水準を1だけ上回る結果を残す行為Aを10回選択し，要求水準を5上回る行為Bを1回だけ選択した場合とでは，行為Aが行為Bよりも好まれる。したがって，結果が要求水準以上である限り，意思決定者は満足して何も試さない。結果が要求水準を下回れば，他に何ができるかを見つけようとして，他の選択肢を使って試行錯誤したりする。経営人モデルでは，ルーティン化した問

題であれば要求水準を満たしており，決定を変えない。クリティカルな問題が起これば，詳細な検討がなされる。

しかし要求水準に達すれば何も試さないというのは，心理的人間の本性に照らせば，正当化できないような便宜的公理系に依拠している（松島 1997, p.92）等々の批判に晒され，ギルボアらは広義の最大化と両立しうるように公式を書き改めた。

サイモンの満足化（1957a, 訳書22-3頁）は「経営人はあるところで満足する——満足できる，あるいは『十分よいと思う』行為を探し求めること」とされている。とはいえ，満足の度合いは要求水準をかろうじて超えた最低保障利得の「質素な満足化」から，青天井に近い「欲張った満足化」まで広がりがある。手続合理性に則った満足化は最大化したくても，それだけの知力を持たないために満足するのである。けれども満足な代替案の探索が容易であれば，要求水準は上昇する。「欲張った満足化」の上方修正が進展すれば「広義の最大化」とも両立しうる。

満足化原理の革新的な意義は，もちろん「質素な満足化」でも可とすることにあるが，満足できる解に甘んずることにより，いつも劣った結果にしか到達しないというのは曲解である。

現実の企業行動では「質素な満足化」はごく稀であり，大半の企業は収益確保や成長戦略に於いて「欲張った満足化」基準に依っている。実際サイモンも，達成可能か否かはさておき，組織目的の最大化願望を認めており，『システムの科学』（1996）でも「企業や生物種の双方がみせる環境適応は，ヒューリスティックな探索の局所的最適化あるいは満足化の具体例である」としている。サイモンの満足化は，意図的には最大化指向だが，その知力をもたないことを前提とした。つまり，満足化は現実を支配する企業行動に対峙するものではない。

晩年のサイモンとカーネマンの「二重のプロセスモデル」

　サイモンは既述のように，手続合理性命題を全面に押し出した。そこでは適切な熟慮という分析的・論理的思考過程（以下，分析的過程と略）として，満足化ヒューリスティックスが扱われた。しかし，直観的認知はそこには含まれていない。後の論文（1987, p.57 - 64）になると，「意思決定過程は分析的過程に限定されたものでは無かった。当初から直観と分析的過程の双方を含む体系だった。だが，分析的過程だけを中心的メタファーにしていた」と自嘲気味に記した。『経営行動』の草稿を書いていたころのサイモン（1941 - 1942年）はバーナードは直観を高く評価しているが，直観が唐突に生ずるために，直観的判断に至る過程や判断理由について説得力を持つ説明が見つからず苦慮したという。

　バーナードの「日常の心理」（訳書318頁）では，直観の多くは良い判断とされ，「感覚」「良識」とか「常識」「判断」「明察」などが示唆されている。日常生活では非論理的な過程がたえず使われているが，それは無意識的で当然のことだとされた。

　バーナードに遅れることおよそ50年近い歳月を経て，サイモン（1987）は，直観的判断についての迷いを消し去る。曰く「直観は分析的枠組から独立した過程ではない。直観と分析的過程の2つの過程は意思決定の相互補完的な要因である。困難な問題解決には熟慮が要請される。しかし認知的過程の細部では，相当な飛躍が繰り返されている」と綴った。顧みれば，「合理的選択と環境の構造」（1956, p.135）の有機体の採餌行動でも，迷路のような長い探索とその過程で道標が発見できれば，そこから先は定められた経路に従って行けばよいだけの瞬間的把握が結び付けられていた。かくして直観と分析的過程の統合把握が提示された。手続合理性の枠内で，ルーチン化された日常の出来事を認知する直観的判断と選択的探索のような分析的過程の再構成がなされた。

　ここに至って，『経営行動』（1997b）第五章のコメンタリーの「直観の役割」での一語の追加の重みに，はたと思い当たる。当該箇所は1987年論文のほぼ丸ごとの転載だが，たった一語の追加挿入には大きな意味があった。「専

第1章　限定合理性への謬見

門家の問題解決や意思決定での判断力および分析的過程には二種類のマネージャーがいる」という文章への文言の追加である。1987年論文では「一人はもっぱら直観に依拠し，もう一人は分析技法に頼っている」であった。サイモン（1997b, p.136, 訳書212頁）となると，「一人はもっぱら再認（別名，直観）に依拠し，もう一人は分析技法に頼っている」と，再認の単語が追加された。

筆者は手続合理性の枠組に，ギーゲレンツァーの再認ヒューリスティックスの直感的判断も含まれると読み込んだ。上記変遷を図表1－4に示しておこう。

図表1－4　サイモンの分析枠組

	サイモン	新古典派
〜1975年	限定合理性	完全合理性
1976年〜1986年	手続合理性（分析的過程）	実質合理性
1987年〜	手続合理性	
	分析的過程　　直観的（再認）	

再認ヒューリスティックスは，知っている（再認できる）ものと知らないものからなる選択肢を判断するときに，知っているものを選ぶヒューリスティックスである。それは分析的過程とは切り離された，直感（再認）だけの単独な作動である。他に，果物を産地で選ぶ「最良をとり，残りは無視する」ヒューリスティックスや経験を活かす「前回のやり方を使う」ヒューリスティックスなども該当する。状況が該当すれば，「知っているものを選ぶ」という再認ヒューリスティックスは，やはり高い価値を有している。良質な解へ導く「迅速で，倹約的なヒューリスティックス」の代表例である。冒頭の図表1－1の合理性の見取り図の「迅速・倹約的ヒューリスティックス」がそれである。

サイモン（1997b）が，手続合理性に直観を包摂するに至った過程で，T＆Kの影響は否定できないところである。T＆Kでは，直観のもたらす認知的錯視が限定合理性の出発点であった。

2002年12月のノーベル賞記念講演で，カーネマン（2002, 訳書22－3頁）は「『限定合理性』という言葉は，人によってさまざまに違った意味を持つ」

と意味深長な説明を行った。次いでT＆Kの限定合理性の研究は，「合理的モデルから脱却した地図を書くこと，そしてそれを説明するメカニズムの地図を書くことだ」と語った。冒頭の説明は，これまでの限定合理性をめぐる解釈の相違を隠伏的に述べたのだろう。限定合理性の簡潔な定義では，サイモンは「意図されているが，同時に制限された合理性」であり，T＆Kは「規範からの逸脱（システム的バイアス）」であった。また，ヒューリスティックスについて，サイモンはその有用性を高く評価し，T＆Kは合理的選択が可能な単純状況ではプラスだが，それ以外では認識の罠としてマイナス面に目を向けた。

　カーネマン（2011）のベストセラーの『ファスト＆スロー』では，2つのシステム（システム1とシステム2）が全編を通底する統合概念である。心理学者のスタノビッチ＆ウェスト（Stanovich & West）の2重プロセスモデルの研究が原型であり，カーネマン＝フレデリック（Kahneman & Frederick 2002）がアレンジを加え，その翌年，更にカーネマンが加筆した。2つのシステムの提案がトヴェルスキーの没後に，カーネマン単独で発表されたことは留意しておくべきだろう。T＆Kの「ヒューリスティックスとバイアス」のころには，2つのシステムなど念頭になかった。図表1－5に示そう。

図表1－5　二つの認知システムの過程と内容（Kahneman 2003a, p.698）

	知覚	直観（システム1）	推論（システム2）
過程	速く，並列的，自動的，努力なく，連想的，学習速度は遅い，感情的		遅い，順次的，制御され，努力を要し，規則に管理され，柔軟，中立的
内容	知覚表象　現在の刺激　刺激の制約	概念表象　過去，現在，未来　言語で思い浮かぶ	

　システム1は迅速で，連想を駆使し，無意識に反応する。統計的な意思決定と比較すると，システム的な過ちも犯すが，ごく日常的な直観的プロセスである。システム2は規則に支配された熟慮や努力も要するが，結論を急がないゆっくりとしたプロセスである。たとえば，システム1の直観がルール上の過

ちを犯せば，そのルールをシステム2が知りえる準備が整っていれば，システム2によって直ちに却下される。しかしシステム1が勘違いをして，システム2がそれを制止することに失敗すれば，直観の犯す過ちとなる。つまり認知的錯誤としてのシステム的逸脱が生じるのは，このケースである。大雑把な整理では以下である。

> 1）システム1は，迅速で，連想を駆使し，無意識に反応する。システム的過ちも犯すが，素早い直観的プロセス。
> 2）システム2は熟慮プロセスによる結論を急がないプロセス。
> 3）システム的逸脱の原因：直観のシステム1が早合点してルール上の過ちを犯し，その制御にシステム2のスタンバイが間に合わなかったケース。
> ───→以上の2）3）のケースは，サイモンでは満足化原理の枠組で論じられる。

　サイモンの考え方に立てば，システム2は手続合理性（1976, p.131）の熟慮プロセスと照応する。そこでは，システム2が犯す失敗は，論理的分析的過程でなされる満足化という言葉で説明される。失敗とは過誤による不満足であるから，要求水準が下方修正されたケースである。要求水準システムの作動は，認知的資源が不足しているためにあるところで満足し，「まあ，これ位で止めておこう」という日常的な判断である。

　ピーター・アール（Earl 2012, p.7）は，「カーネマンはサイモンの満足化命題と彼らの仕事の関連について一切触れようとしない」と指摘している。なるほど，カーネマン（2002 b）は2つのシステムに到達したにも拘らず，サイモンの満足化ヒューリスティックスには口を閉ざしている。サイモンへの言及は序文と巻末の注に留めた。本文で論じていないため，サイモンの満足化アプローチについての彼の見解は明るみには出ない。

　一方のサイモン（1983）は，T＆Kの畢生の論文「ヒューリスティックスとバイアス」（1974）について，トヴェルスキーと仲間たちにより集められた数多くの証拠から，実際の人間行動はどのような理由であれ，主観的期待効用（以下SEU）理論の処方箋から，甚だしく外れているのは間違いないと，SEU理論に風穴を開けた論証を絶賛した。

システム2の問題は，サイモンでは要求水準に導かれた満足化ヒューリスティックスの探索のプロセスとして記述される。もし満足な選択肢があっさり見つかれば要求水準は上昇し，満足な選択肢を得るのが難しい場合であれば要求水準は下降する。

　サイモンのSEU理論への対峙論拠は，現実世界の複雑性と計算上の困難にあった。一方，T＆Kの実験の主題はごく単純な選択であるのに，正しい統計学的原則が適用されない「好ましくない傾向」であった。つまりサイモンの立場では，環境の複雑性や計算能力の限界に対処するには，手続合理的な熟慮プロセスは，現実味のない効用関数の代わりに，人間らしい尺度で問題解決するために不可欠だった。心理学での要求水準の概念（1996, p.30, 訳書36頁）は，仕事，愛情，食事，旅行など広範な次元を持ち，効用関数や無差別曲線などを必要としない。サイモンはT＆Kの文献（1973）も引用しつつ，人間の選択力には首尾一貫性や推移律など存在せず，効用関数は成立しないという反新古典の立場を貫いた。

　他方，カーネマンにとっては，システム2は論理的には高い能力を有するが，感情面では「システム1の番人というより保証人」であり，「システム1の目に余る自由行動を容認する無抵抗な怠け者」であった。即ち，熟慮プロセスについては，サイモンは「問題解決には不可欠」であり，T＆Kでは「ミスを容認する怠慢」という対極にあった。またカーネマンの主張では，ヒューリスティックスは心のショットガンだが，由々しい機能不全があるとした。

　エスター・セント（Sent 2004, p.743）は，T＆Kの貢献を(1)ヒューリスティックスとバイアス，(2)フレーミング効果，(3)プロスペクト理論（1979）の3つの領域に分けている。(1)は，ヒューリスティックスは認識の近道ではなく，認知のシステム的逸脱として提示された。(2)では，問題表現の方法によって生じる意思決定の矛盾が分析された。(3)は，モーリス・アレ（Allais）のパラドックスの定式化であった。プロスペクト理論は人々の現実の行動を説明する理論化であり，T＆Kの到達点である。プロスペクト理論により，行動ファイナンス論はリアリティを獲得した。プロスペクト理論は，意思決定者の思考パ

ターンを予測するヒューリスティックな工夫でもあった。

　行動経済学は当初，SEU理論のラジカルな批判者であった。だが，プロスペクト理論の普及過程で，意外にも主流派経済学を修正する道を歩み出す。プロスペクト理論の特徴は2つある。1つは人間が意思決定する時に，損失の領域ではリスクを追求する傾向があり，逆に利得の領域ではリスク回避的になるという論証である。もう1つは損失回避性で，人は何かを得るよりも何かを失う場合の方に強く反応するというものである。

　アール（2012, p.10）はプロスペクト理論では，システム1とシステム2の関係が未決定のまま据え置かれているという。価値計算のプロセスはシステム2が該当するはずだが，T & Kのシステム2は，システム1の過ちにストップをかけるか，ほとんどの場合は黙従的なシステム1の保証人である。T & Kはサイモンの満足化アプローチを採用していないため，選好順序を問わない要求水準には触れず，アレの選好の逆転の定式化としてのプロスペクト理論は結論的には，参照点を組み込んだSEU理論の改訂版として脱構築された。

満足化vs新古典派総合

　実は，プロスペクト理論には2つの道があり，その選択結果がT & Kの限定合理性研究の岐路になる。1つの道は現在の状況に照らし合わせて，人は利得選好よりも損失回避の度合いが遥かに大きいとすれば，損失回避性の先には富の最大化という絶対的水準に反応するのではなく，実務家になじみ深い適正利潤や公正価格などを追及するサイモンの「経営人」への道が開けていた。2つめの道は価値関数や確率加重関数の下で，期待効用を最大化する新古典派的な考え方である。

　実際T & K（1986, S 272 – 273）では，「フレーミング効果の重要性は，ハーバート・サイモンにより提示されたオリジナルの『限定合理性』の概念に一致する。プロスペクト理論は，選択の合理性を制限する認知と判断の原理を関連付ける試みだからである」と書いている。これは前者の道を示唆している。しかしこの頃より，T & Kは明らかに後者の道を歩みだす。

カーネマン＝クネッチ＝セイラー（Kahneman & Knetsch & Thaler 1991）の実験結果の損失回避は，熟慮の結果なのか，直観なのかは定かではない。サイモンの見地から見れば，損失回避もシステム2が犯す失敗も，満足化行動にほかならない。合理的選択からの逸脱をなぜ，主流派向けに調整する必要があったのか？

　セイラーは（Thaler 1992，訳書296頁）は，「経済学の標準的パラダイムには限界と弱点があるとはいえ，これに代わるべき適切なパラダイムがない」と記した。また，システム的逸脱の様々な記述的研究の蓄積が，危険なキャリアパスとなることを危惧していたようでもあった。

　サイモンの行動経済学は，新古典派的仮定と厳然たる態度で一線を画し，満足化は反均衡プロセスに焦点を当てた反証であった。新古典派とは互換性を持たないオールタナティブであった。それに対し，T ＆ Kの行動経済学のパラダイムでは先ず，標準理論の完全合理性を前提とし，期待効用最大化やベイジアン合理性のベンチマークからの逸脱を分析した。逆説的だが，彼らの意図は標準理論の前提を「経済学のあるべき姿」と捉え，規範からの逸脱の立証にあった。T ＆ Kの心理学的アプローチから限定合理性をモデル化する道は，主流派にとってサイモンの反均衡アプローチと異なり，標準理論の射程内での方向性を示唆するものであり，受け入れ易い素地を備えていたともいえる。主流派にとって，T ＆ Kはさほど脅威ではなかった。

　サイモンの限定合理性の白眉は，合理的選択のモデルを教条的に不動のものとする基本仮説から脱却して，「合理性を極大化する知力を持たない以上，真実を語れ」と詰め寄ったことである。またサイモンが組織主体の研究であるのに対し，1970年以降に登場したT ＆ Kや後続研究は，主流派を特徴づける市場文脈での経済現象の研究であり，プロスペクト理論は株価や価格バブルを扱う行動ファイナンスの指針となる理論になった。T ＆ K以降の行動経済学は，主流派の理論的枠組を再建する道を選んだ。

　今日，主流派の多元的共存が顕著である。たとえば，実験経済学のバーノン・スミス（Smith，1998，p. 105）は，「合理的選択モデルは実験に於いても矛

第1章　限定合理性への謬見

盾なく成立する」としてサイモンの満足化を斥け，限定合理性は二次的な合理性であると主張した。かくて，T & K以降の行動経済学は主流派を規範的理論として，その首尾一貫性は経験的に検証可能だと主張する新古典派擁護論のバーノン・スミスと同様に，自らは記述的理論に留まる。たとえば，マシュー・ラビン（Rabin 1998, pp.11－3）は主流派の方法論（方法論的個人主義，数理的形式化など）に準拠するとし，カーネマン（2003b, p.1469）もアノマリーを加味した合理的モデルの基本的アーキテクチャーを堅持すると記した。

　T & K以降の行動経済学者は皆，ミイラ取りがミイラになった。サイモンの満足化アプローチをあまりに急進的と見做された悲劇として受け止め，みな傍観したのだろう。

　満足化は，当初，かなりの脚光を浴びたのに，その後，なぜあまねく普及しなかったのか。「合理的選択の行動モデル」（1955, p.100）の中に，暗示的記述がある。「合理的選択の多様なモデルの風味は，合理的適応が行われる中での，制約とか与件として導入される特定化された仮定から生じる」という記述である（傍点：筆者）。気になったのは，多様なモデルである。つまり，前提となるモデルは1つではなく，数多くある。モデルが複数形なのも，またそれぞれ風味がことなるのも，仮定が多様だからである。

　満足化原理には，真実か，虚偽かの事実前提はあまり馴染まない。複雑で多様な問題の意思決定は，迷路のような分岐体系での熟慮プロセスとなる。顧みると，サイモンの論文集のタイトルは，「人間のモデル」，「限定合理性のモデル1，2，3」，心理学では「思考のモデル」であったが，モデル（Models）はいずれも複数形であった。サイモンは初めから，モデルの一般化は不可能だと察知し，ピットが指摘するように一般化を嫌悪したのだろう。なぜなら限定合理的な人間は，それぞれ認知の異なる側面からモデル構築にアプローチするからである。

　満足化原理は今も主流ではないが，ゲーム理論や行動ゲーム理論では，取り入れられつつある。1955年に早くもサイモン（1955, p.99）は，「経済人モデルで論じられる——企業はいかに行動するのか，または企業はいかに合理的に

31

行動する"べき"かの理論には大きな疑問がある」と記した。それから，途方もなく無為な時間が流れた。

　スチュアート・カウフマン（Kauffman 2000, 訳書486頁）は次のような挿話を記している。ブライアン・アーサーは，サンタフェのレストランで合理的選択に関するいかなる定理にも耳を貸さず，必ずシーフードサラダを注文する。そして，「ひどい味だ」といつでも憤慨する。カウフマンが「では，どうしてシーフードサラダを頼み続けるのか」と問い質すと，答えはなかったそうだ。ブライアン・アーサーの要求水準は「質素な満足化」であったのかもしれない。けれども，彼はそれで満足していたのである。

　また，ダイナミック・プログラミング研究の仲間であり，カーネギー工科大学のサイモンの旧友にして，満足化をめぐる論敵でもあったフランコ・モジリアーニ（Modigliani 2004, p.374）によれば，サイモンは時間の浪費を回避するために，ランチはいつも白いアメリカンチーズだったという。モジリアーニは，満足化の本質の「ほどほど十分に」を地で行くサイモンについて，追悼文でほほえましく綴った。

　満足化原理の現代的主張は，反均衡の経済学批判にある。

第2章 「企業の本質」再考

　ロナルド・コース（Coase 1937）の『企業の本質』（以下，論文と略）は，経済学の立場から企業の出現を論じた先駆的業績である。論文のもつ輝きは今現在でも失われていない。それにもかかわらず，「企業・市場・法」（1988）所収の第1章で，「私の見解は大方の同意を得るにはいたっておらず，また，私の議論はその大半が理解されないままである」と悲観的な見解を綴っている。なるほど，コースの独創性を新古典派に対するセクト的な対立と見るなら，いまだ孤影が宿るかもしれない。しかしながら，『企業の本質』はペイパーバックで僅か23頁ながら，ミクロ経済学の枠組みで組織の理論的考察を可能にした創造性は高く評価されなければならない。またその根底には，実証主義の精神が流れている。筆者にも，コースの思考の広がりが仄見えてきたように思う。

　この章では，論文の叙述の順序をたどらないいくつかの切り口から，論文執筆当時のコースの叙述の背後にある根本的性格について，筆者の見解を述べることが，さしあたりの課題である。

1　市場と企業は同質か？――コースの二面性を前提として

　論文では，ハイエク（Hayek 1933）らの社会主義計算問題論争を視野に入れつつ，「経済システムはひとりでに機能しているようだが，経済システムにも個人による計画は存在する」として，企業の存在について問題提起している。コースの企業の成立事由の説明は，図表2-1に示すように［A］と［B］の二つの視点があり，然もトートロジカルなため，議論の混乱を招きがちである。前者の比較費用のアプローチでは，企業の出現は市場との比較費用から代替関係として導かれる。また後者の契約アプローチでは，価格シグナルによる配分と階層秩序を通じた指令に基づく配分の差異から，企業は市場と原理的相違を

持つものとして描出された。この二つの視点は大町ら（1998）により「コースの二面性」として指摘されている。以下，二面性の論点を前提として，市場と組織の原理的相違に焦点を当て論じる。

図表2－1　コースの二面性
[A]　比較費用アプローチ

制　度	アプローチ方法	機　能
企　業	代替的関係	資源配分
市　場		

[B]　契約アプローチ

制　度	アプローチ方法	機　能
企　業	雇用契約	指令による集権的配分（価格メカニズムなし，交換なし）
市　場	売買契約	価格による分権的配分（価格メカニズムあり，交換あり）

比較費用アプローチ

　図表2－1の[A]の比較費用アプローチでは，企業は資源配分の仕組みの一つであり，この視点では市場と代替関係にあると見ていた。では，なぜ市場のほかに企業が必要なのか。コース自身の答えは，「市場を使用する費用」が「企業を使用する費用」より高くつけば，企業が生成されるというものだった。

　ここでの「市場を使用する費用」とは「適切な価格を見つけるための費用」，そして「市場での取引の交渉を行い，契約を締結するための費用」である。「短期契約を反復する費用」は後者に包含できよう。

　比較費用アプローチでは，市場と企業は代替的である。即ち，市場と企業は取引費用の差異により境界線が引かれる。コースは，市場と企業を代替的機能としたが，同質性は否定する。

　そこで比較費用アプローチでは，企業の利益追求については，まったく問われない。協働のメリットについても不問である。あくまでも，取引費用の差額

利潤を根拠に企業は出現する。差額利潤の考え方を煎じつめていくと，差額利潤のプラスが拡大すると究極的には垂直統合に至り，またマイナスに振れると，企業の規模の収穫逓減の説明理由にもなる。差額利潤の源泉は，雇用者と労働サービスの所有者との取引から生じる。コースは次のように記している。「生産要素（あるいはその所有者）は，同じ企業のなかで協働する場合には，この協働が価格メカニズムの作動の直接の結果としてなされる場合に，当然に必要となる一連の契約を，他の生産要素との間に結ぶ必要はない」。

　生産要素の協働は当然ながら，プラスの成果を生む。馬場（2003）は「企業を組織するとは，何よりもまず，買い入れた労働力の分業による協業を編成することで，単なる個別労働の集合に比して格段に高い生産性を実現することであろう。組織費用はそのプラスからマイナスされる」と記している。

　しかし論文の比較費用アプローチの意図は，協業編成の剰余を論じることではなかった。新古典派理論の中核要件の否定にあった。価格メカニズムのもと，すべてが完全情報に基づく完全競争であるなら，企業の存続を支える利益は生じえない。市場を使用すると費用がかかり，そのために企業が形成されるというのは，企業の存在そのものが新古典派の理論体系とは両立しないことを示唆する。外部性のような外挿要因ではなく，新古典派パラダイムに内在する欠陥を誰もが考えなかった角度から，コースは発見した。市場の価格メカニズムを使用する費用と対応させて，組織化の費用を問うことによって，市場（社会的分業）と組織（企業内分業）の区別が明確になった。企業の内側とは何か，外側とは何か。コースにとって，この区別は決定的な問題だった。かくして企業の出現は，市場を使用する費用のマイナスを節約する差額利潤を根拠として論証される。

　資源配分は，市場と企業の双方が相互に補完しあうことにより達成されるが，市場と組織はあくまでも二元的に構成されるのであり，それはさまざまな市場の機能が不完全だという認識に基づいている。資源配分を説明するための市場一元論は，企業の存在理由を論理的に不可能にする。つまり，市場一元論は市場と組織を同一視し，企業内部の権威的な関係を消失させ，すべからく「市

場」から見た一面的な光景を映し出すことになる。

契約アプローチ

　図表2－1の［B］の契約アプローチでは，市場と企業の差異を，平等な関係を前提した売買契約と権威関係を予定した雇用契約に見ている。

　比較費用の考え方では，「短期的契約をくりかえすことのコスト」を節約するためであれば，長期契約を一回結ぶと，その都度，短期的契約の締結を繰り返す費用は節約される。この段階は，市場を利用した一回の長期契約に置き換えただけの先物取引としてコースは見ていた。したがって，まだ市場を利用している状態であり，依然として，その他の市場を利用する費用は別種生じてくる。もとより，個別に独立した主体が長期的契約を締結すれば，信頼をベースとしたシステムとかネットワークという意味での横の絆は強くなっても，やがては企業が生成されるという道理などない。

　なぜ市場のほかに企業が必要なのか。コースのもう1つの答えは，「市場では，価格変動が生産を方向づけ，交換取引を通じて調整される。企業の内部では，市場取引は排除され，交換取引をともなう複雑な市場構造に代わって，調整者としての企業家が生産を方向づける」ということだった。企業が存在するのは，交換と価格メカニズムが廃止された結果であり，逆に，この要件が消滅もしくは低減する時に，企業は解体へと向かう。長期契約の下でも，市場を使用するコストが生じる。それは，労働サービスの長期契約では，将来の使用方法について事前に特定化することが困難な不確実性のコストである。このコストを回避するため，雇用契約によって権威的な指揮に従う企業組織的関係を編成することは，企業家にとっては有利になる。つまり長期契約が企業を成立せしめるというのは，労働サービスという特殊な商品に限定されてのことである。コースは明らかに，労働力商品の特殊性と同じことを捉えていた。コースが問題にしている組織とは，企業家の権威的指令によって編成されているものである。そこに，企業の本質を見た。

　コースが企業と市場を峻別するように，マルクスもまた『資本論』の中で，

社会的分業と企業内分業について同様に記した。社会的分業はさまざまな産業分野の商品交換によって媒介され，企業内分業は個別労働者たちの共同生産物のみが商品に転じ，さまざまな労働力を同じ資本家に売ることよって，資本家が個別労働を協調しあう労働力に仕立て投入した。

　比較費用アプローチに於いても，コースは市場と組織は代替関係にあり，相互が経済システムの制度的構造を構成すると捉えながら，けれども市場と企業を同質とは見なかった。またマルクスも，社会的分業と企業内分業の間には，数多くの類似および諸連関があるにもかかわらず，この両者はただ程度が異なるだけでなく，本質的にも異なるとした。

　コースとマルクスはまったく異なる文脈から，企業の内部では交換と価格メカニズムが廃止され，企業の本質は労働者と企業家との間の雇用契約にあると共に見た。また論文で，労働過程にともなう不確実性を背景として，事前に詳細に特定されない形の雇用契約の範囲で，売り手（生産要素の提供者）が購入者（企業家）に依存するときに，「私が企業と呼ぶ関係が成立する」と結論づけた。コースにとっては，やはり企業家の監督という事実が企業の本質であった。

　コースの雇用主と被雇用者の捉え方は，とどのつまり，被雇用者とは全体機構のたんなる手足にしかすぎず，資本家の無制限の権威が前提にされている（『資本論』）という叙述と，ほゞ同根である。

2　コースの定理をめぐる議論

　1960年の「社会的費用の問題」の「コースの定理」に言及しつつ，遡及して「企業の本質」と引照したい。一般な理解では，「コースの定理」（1959）として示されるのは，政府の市場への介入を非効率だと考え，当事者間で権利の市場取引をすることが，より大きな生産物価値をもたらすことだとされる。

　「コースの定理」の新古典派的解釈では，大気汚染や交通騒音など社会的且つ環境的コストである外部性の存在は，ピグー的課税・補助金アプローチ（市場の失敗アプローチ）の部分均衡分析に基づいた政策手段に頼ると，むしろ資源

配分を歪める。外部性の問題は，資源や環境にも所有権を創出し，市場や，必要ならば司法にも当該問題を取り扱わせればよいとする。つまり市場の失敗としての外部性が存在する。そして，外部性の問題を緩和させるために，政府が取りうるあらゆる政策は，基本的には契約関係に基づく当事者間の取引に全て置換されるという。

　たとえば，不動産会社所有の賃貸アパート団地近くに，空港建設が計画されている例を，エッゲルトソン（Eggertson 1990）は提示している。「コースの定理」では，アパート上空に対する権利が不動産会社にあれば，航空会社はアパート上空を飛行する権利を購入しなければならない。他方，もし航空会社が上空に対する排他的権利をもてば，不動産会社は航空会社にアパートの上空を飛行しないことに対する支払いを申し出るとされる。かくて自由企業体制は貫かれ，安全や静寂といった公益性は蚊帳の外となる。蓋し新古典派よりも，より新古典派的であると指摘される所以である。

　さて，「社会的費用の理論」（1960）の原型は，その前年の「連邦通信委員会」（1959）というタイトルの論文にある。AがBに対して損害を与えている状況がとりあげられた。Aの行動を抑制することが決定され，Bに対する損害が控えられたなら，今度は逆にAが損害を被ることになる。アーサー・ピグー（Pigou）の「厚生経済学」の観点では，Aの有害な影響を抑制することによるAの不利益は論じられない。この「関係の相互的性質」を問うことから「社会的費用の問題」は導き出された。

　政府による規制を利用する例（1959）もある。いくつかの工場が煤煙を排出しており，多くの人々に煙害が及ぶ場合，市場取引では満足のいく解決がえられない。理由は二つ示されている。第1に，いくつかの工場と交渉しなければならないが，多くの被害者と工場を持つ企業が市場取引を行わなければならない。このような交渉は，現実的には難航が予想され，また解決が可能であっても長い時間を費やす可能性が高い。第2に，裁判所を通じた権利の行使においても，どの工場からの煤煙が煙害の原因かを突き止めるのは難しく，訴訟による解決は多くの被害者と合意形成する必要があり，高いハードルになる。かく

て市場が機能するためには費用が嵩むことになる。したがって，行政による特別な規制を課すことが望ましい。

このような規制の目的は煙害を除去することではなく，煙害の最適量を求めることである。最適量とは，煙害を減少したときの利益と生産制限により被る損失とが一致する量のことである。

論文に立ち戻れば，公的介入の是非は政府の費用が市場利用の費用を下回れば，公的政策は有意味であり，逆に高くつけば市場に任せればよい。コースによれば，政府は超企業であり，所有権の境界画定を変更する規制や法改正などでは，市場や企業よりも小さなコストで実行する力を持つ。一方，政府には企業間競争のようなチェックが働かず，管理コストも割高となる。ときに，取引費用は極端に多額になる。

コースの場合は，企業と国家という言葉を入れ替えても，比較費用の節約の説明が可能になっている。つまり，政府の失敗を分析する視座も含め，価格メカニズムの限界を明示し，その限界を克服する方法について模索するのが基本的問題認識であった。

また，メディマ（Medema 1994）が採り上げた実例は，「コースの定理」の限定的適用を示唆するものである。酔っぱらい運転の車が民家に突入して，庭で遊ぶ少女に重傷を負わせた例である。AとBの「関係の相互的性質」を用いてAへの有害な影響として，少女が庭で遊ばなければ，被害にあわなかったとするのは，やはり不適切である。「コースの定理」にも道徳的な枷があってしかるべきである。地球環境問題や原発事故による人体への深刻な被害なども，行政や法の問題である。コース（1960）自身もF.ナイトを引用して，厚生経済学の究極の問題は美学と道徳的考察のなかで発展的に解消されなければならないと記した。「コースの定理」の真のテーマは，取引費用が高いときの責任の所在を明確にすることにある。

3 「市場はなぜ，全ての企業を呑み込まないのか」
―― ホジソンの批判

　どちらかといえば，コース擁護派のジェフリー・ホジソン（Hodgson 1988）のコース批判を提示し，大雑把な整理を行う。論文についてのホジソンの評価は大きく2つあり，1つめを高く評価し，2つめを批判する。以下にホジソンの指摘を要約する。

　第1に，論文では，企業の費用削減メカニズムが，どうしてあらゆる取引へと拡がり，市場それ自体にとってかわらないかという解答を正しく提出していた。企業には規模に関する収穫逓減があり，それが企業の成長と支配の拡大に対して限界を画するということであった。同時にそれは，市場取引が存続することの一定の説明になっている。

　第2に，それでは，どうして市場だけですべての取引がなされないのかという解答を提出するべきである。市場が費用を削減するなら，なぜすべての取引が1つの市場で行われないのか？市場の場合，企業の規模の限界のような明快な議論がなされない。

　以下では，ホジソンの指摘に若干の検討を加える。

　先ず第1だが，「いったい，なぜ，市場取引がそもそも存在しているのだろうか。なぜ，巨大な1つの企業によって置換されてしまわないのだろうか」というコースの問いは，レーニンの大工場から発想したものだろう。第1の答えは，追加的取引の増大による非効率，企業家による資源配分の失敗，生産要素の価格上昇などを要因とした企業規模に関する収穫逓減という明白な原因が示された。

　核心を突いた指摘は，第2である。簡単なりとも論文を概観しておこう。コースの論理構成では，最初になぜ企業が存在しているのかを問い，企業の出現は市場を使用する費用の節約に見た。次いで，それではなぜ，企業が全ての取引を覆い尽くさないのかと問うた。その解答が「企業規模の収穫逓減」で

あった。論文では，無意識の共同作業の大海としての市場をアプリオリとしているので，市場の存在は企業の収穫逓減の結果としての残余領域として広がることが示されるだけで，ホジソンの指摘の第2への解答はない。ホジソン（1988）は，「市場はそれ自体として社会的に成立した手続きや規範を含んでおり」，アプリオリというような「自然状態」ではない。競争的な市場を設立するのに必要な制度的条件をまず説明しなくてはならないと批判した。

そこで，フレデリック・フーリー（Fourie 1993）は「市場は何も生産しない」という盲点を突いた問題設定を行っている。つまり交換は生産を前提とするが，市場は何も生産しない。論理的には，生産する人々や企業が先立つものでなければならない。つまり，市場の存在をアプリオリとするコースの前提では，自営の生産者や個人からなる市場調整的な共同体の先在性が前提となる。

しかしながら，市場の代用だけの存在として企業を見るのは，コース的企業の核心部分を無視することになる。つまり雇用契約と権限関係という企業の本質的特性を論じることができない。どちらが最初か？という年代記的で，市場が先か，組織が先かという発生史的な問いはミスリードになるかもしれない。社会現象は直線的に進展するのではない。とりわけ制度や組織はより複雑な形態へと変化を遂げながら，分化と発展の異なる段階へ進展する。現実の諸相では，企業と市場は二元的に構成されつつ，双方が一緒になって経済システムの制度的構造を構成している。

また価値の高く厄介な議論だが，比較費用の差額利潤により企業は成立し，差額利潤の正負が反転すると，市場取引（＝企業の収穫逓減）となる。つまり市場取引でなければ企業となり，企業でなければ市場取引であるというコインの裏表の関係となる。コース自身（1988, p.48）も上記について，トートロジーと呼ばれてきたと記し，正しい命題を導き出すためには必要な批判として受容している。

また企業の定義でも，企業家の存在があらかじめ想定されている。つまり「調整者としての企業家が生産を方向づける」システムとして，コース的企業は定義された。「企業家」を主語として，価格メカニズムに代わって資源配分

の方向づけがなされるなら，企業家がいなければ，企業は生成されない。つまり企業家の潜在性が含意されている。これもまた，企業と企業家の同義語反復である。

4 フーリーの「市場は何も生産しない」をめぐって

フーリー（1993）は，取引費用に取り組む経済学者の中で，コースを一番高く評価する立場である。しかし「市場は何も生産しない」という先の視点からコース批判を行っている。その議論の前提として，論文の内部労働市場的な理解や自営独立の強調をめぐる問題に，一言触れておきたい。まず，内部労働市場のように指摘される関連記述を，コース論文から抜き出しておこう。

(a)「デパートでは，諸々の売り場の配置割り当ては，管理責任者によりなされる場合もあるが，競争入札で決定される場合もある」

(b)「ランカシャーの綿工場では，織工は動力と作業場を借りて，自由に織機と糸を信用により入手できることが指摘される。（1928年，政府調査会報告，UK）」

先ず，(a)は百貨店内のテナントは組織の参加者ではあるが，企業の境界の外である。(b)のランカシャーの職工は，綿工場の企業によって所有された生産手段を借り，企業の内部で働いているが，あくまで自営独立した生産者である。どちらにおいても，内部市場説は誤読である。

その上で，コースの論文では，労働者は等しく熟練技術の所有者のように想定され，誰もが資本家からの独立を志向する存在として描かれる。上記の(a)(b)と同様に，自営独立と関連する記述を論文より抜き出し，以下に示そう。

(c)「熟練を有し，高給を得ている人々は独立したいという"しばしば人生設計の究極の目的"をもっており，それゆえ，商店主や保険の仕事に転職する」

コースは，H.ドーズから(c)を引用し，労働者個人の自営独立や自助自立の側面を強調している。自営業の失敗や失業の恐怖，あるいは労働条件の悪化に

ついても軽視しているように思える。しかし，チャンドラー（Chandler 1990）によれば，イギリスでは，個人的経営および個人資本主義への根強い執着があり，論文執筆当時では，個人的経営が支配的あったようだ。

そこでフーリーは，市場から出発するコース的企業では，市場との本質的な違いを曖昧にすると批判している。論文に関するエキセントリックな批判は，次の3点に要約できる。

(1) 市場は何も生産しない。故に，企業は市場の代替的モデルにはなりえない

フーリー（1989）は，「企業とは何かについて正確な合意はなされていないが，生産もしくは流通過程の管理が企業の中心となる。しかしながら，企業と違い市場は何も生産しない」と記した。企業は市場がなくても存在するが，市場は何も生産しないのであるから，生産単位としての企業なしには，市場交換される製品は存在しない。つまり，市場と企業は代替的モデルにはなりえず，生得的に異なる。したがって企業は，市場から本質的な性質を抽出することはできない。

(2) 1人企業では，コース的企業の説明は不可能になる

コース的企業はいつも組織を意味し，また企業家が多様な調整をするとされているが，独立した自営生産者は，企業家の指示のもとで組織されるわけではない。たとえば最小生産単位として1人の生産者（もしくは熟練工）が，企業にとってかわる例を想定すると，1人の生産者（もしくは熟練工）による1人企業となる。1人企業の場合，市場取引から企業の出現を抽出するというコースの説明は，持ち堪えられない。なぜなら，1人企業ではすべて市場取引に依存することになり，企業は価格メカニズムにとって代わるものとしての性格づけができなくなる。

(3) 生産単位はすべて企業である

フーリー（1993, p.54）の企業の定義らしきものでは，「企業とは，連帯的な全体として，成員が結びつけられている凝集性をもつ制度であり，連帯的な全体は成員の変化にもかかわらず，存在が継続していく」とされる。他方で，独立した自営生産者や1人企業を含むどの生産単位も企業だと，フーリーは見ていた。フーリーは，両者は矛盾しないと言う。1人企業は人が死亡すれば，継続的ではなくなる。しかし，死亡の場合でも，法人企業のように所有権の移転により，1人企業は継続するとフーリーはいう。また，他の成員と一緒に協働する凝集性については，自らが自らを雇うことだと主張する。詰まる所，生産プロセスが形成され，方向づけがなされれば，1人企業もまた1つの組織として定義している。

フーリーの着想は異端だが，盲点を突いている。ホジソン（1993）のフーリーへの反論と引照しつつ，いくつかコースの意向を正しく反映していない主張もあるので，論点整理を行っておきたい。

(1)については，論文では市場が生産的であるとは論じられていない。「もし生産が価格の変動で調整されるなら，生産はいかなる組織なしでも遂行され得るであろう……」という記述をフーリーは読み違えているようだ。論文では，「企業の外部では，価格の変動が生産を方向づけ，それは市場における一連の交換取引を通じて調整される」と記されている。また生産に携わっている人と契約を結べばよいとも記された。契約者は一定の行動をすることを条件に，一定の報酬を保証され，なんら監督はなされない。それにもかかわらず，相対価格に変化がみられ，生産要素については新たな取り決めがなされる。市場は，個々の自営生産者の労働を調整するもう1つの方法であるというのが，コースの主張である。

(2)については，論文は「生産を方向づけ，生産要素を雇う調整者としての企業家」というやや曖昧な言葉で企業を描写した。コース（1993a, p.58）は企業家という言葉を，「価格メカニズムに代わって資源配分をする人」あるいは

第2章 「企業の本質」再考

「企業内の権限主体」という意味で使ったと述べている。企業はつねに組織を意味し，また多様な当事者たちの組織的調整の観点から企業の本質を見ていた。コースにとって，生産の管理は企業の中核をなすが，生産が必ずしもコース的企業を意味するものではなかった。対照的にフーリーは自営生産者を含むどの生産単位も企業として見ていた。フーリーにとって，生産はいつも企業を意味し，コースは少なくとも1人を雇う組織として企業を理解した。その結果，彼らの議論はすれ違いとなる。フーリーのコース批判の根本は，フーリーの意表を突いた企業の定義に由来するものが多い。ホジソン（1993）によれば，コース的企業とはマルクスが資本主義企業と呼んだものである。資本家が自らの生産手段を所有し，雇用契約により労働力を雇い支配する企業を前提とした。独立した自営生産者の場合，生産は企業家の指示のもとで組織されるのではない。1人の個人が生産単位になっている。資本主義企業の定義では必ず雇用関係を含み，自営生産者はもちろんのこと，1人企業も資本主義企業から除外される。

(3)については，1人企業は，市場から企業の内側の本質は導出できないとする自説を立証するために，たぶんに思考実験的に構想された概念として考えられる。論文では，雇用契約が企業の中核をなすものである。フーリーの場合，生産者協働組合のような非資本主義的制度も集合的連帯による企業としてイメージされていた。

実は，コースが自営独立の事例を強調した理由は，雇用と自営を峻別するためであった。もし雇用と自営が区別できないなら，企業の本質は雇用契約と監督にありとするコースの説明は，根底から掘り崩されてしまう。論文では，自営業者たちが企業を構成するとは，どこにも提案されておらず，仄めかされてもいない。晩年のコースが記すように，コース的企業（1993a, p.58-9）とは，「資源配分を方向付ける企業内の権限主体」の企業家が主導する企業であった。コース的企業とは，資本主義企業である。

「企業の本質」は小論の範囲であるが，一字一句にコースの心血が籠められている。若書きだが，原型の論文から論文掲載迄に22歳から27歳に至る6年

を費やした。いかに周到な用意のもとで書かれたのか窺い知れよう。

　短編でありながら，この論文の功績を多として，ノーベル経済学賞に戴冠に輝く鮮やかな場面が現出した。しかも復古的に評価されたのではない。

第3章　前期オリバー・ウィリアムソンへの疑問

　オリバー・ウィリアムソンの主著は大部な3作に絞れるが，論文を含めると，彼の主張は必ずしも一貫しているわけではない。通底しているのは，取引費用経済学（TCE）の唱導である。また，『ガバナンスの機構』（1996, p.32-5, 以下GMと略）では，チェスター・バーナードの極め付けの貢献の――オーソリティーの理論，雇用関係の特徴，そして非公式組織の役割――の全てはエコノマイジング（節約）の方向づけをもたらすと記し，何もかもTCEの領海内とする態度が顕著である。
　ハーバート・サイモンとの論争も間断なく続いたが，論文での応酬では，表面上敬意を表しつつ，微妙な表現に留まることが多い。組織と市場をめぐる議論は両者の主題であり，本質的な部分では大いなる乖離がある。本章では両者のアプローチの違いに焦点を当てたい。
　第1に，ウィリアムソンの核心をなす人間の精神の暗黒を描出した機会主義について検討を加える。人間の善良な面に焦点を当てるサイモンの組織一体化の対立軸でもある。
　第2に，ウィリアムソンの市場-階層アプローチの狙いは，市場と階層という構造上に違いをもつ問題を，交換ベースで分析可能な外部市場と内部市場という同一の地平に移行する企てにあったと見る。市場と比較分析される階層は，ニール・ケイ（Kay 1993）の言葉によれば「偽りの階層」であった。ウィリアムソンは，契約と交換に焦点を当てる市場-階層アプローチに固執して，組織内部の権威関係をさほど重視しない。また請負契約と雇用契約を混同して，企業の内側と外側の識別にも失敗している。著作と引照して，混同の詳細を論じる。
　第3に，『市場と企業組織』（1975, 以下MHと略）の権威関係についての記述について，マーク・グラノヴェター（Granovetter 1985）が異論を唱えている。

そのことについて，ウィリアムソンも反論している。内容を吟味し，ウィリアムソンによく見られる論争時のエチケット違反も付記したい。

1　サイモンとウィリアムソンの対立構図

　サイモンもウィリアムソンも学際的で，まばゆいばかりの才人である。かつてサイモンは「私は経済学の革命を主張し，ウィリアムソンは平和的改革を主張した。しかし経済学者にもたらした衝撃は，実質的にはウィリアムソンの方が大きかった」と友人への手紙に綴った。師弟ともいえる両者がどうして対立に至ったのか。対立点は奈辺にあるのか。二つの構図から俯瞰を試みたい。

機会主義をめぐる諸問題
　サイモンの『経営行動』（1957a）の組織一体化とは何か。バーナードの組織に貢献する個人の二重人格（個人人格，組織人格）を前提として，個人の心理が組織への愛着や忠誠心を抱き，また組織人格が組織目的や組織存続のために忠誠心をより大きな組織単位へと帰属させる。組織一体化は限定合理的な個人の思考の枠組みを広げるものであり，個人目的をある程度犠牲にしてでも集団目的のために献身する原動力である。組織一体化は愛着，忠誠心といった非契約的要素から成り立ち，サイモンは意思決定環境を整える上で，組織一体化は合理性の限界の狭められた範囲を広げる心理的プロセスであると考えた。
　他方，ウィリアムソンの機会主義は狡猾な自利追求であり，組織一体化に対し鮮やかな対立構図を打ち立てる。ウィリアムソンが初めて機会主義という言葉を記述した時，先達のバーナードやサイモンも使用した機会主義を想起しないわけがない。ではバーナードやサイモンにとっての機会主義はどのような意味を持っていたのか。先ずはバーナードから辿っておこう。
　バーナードの機会主義的要因は「いま利用しうる手段による以外には，いかなる行為もなしえないという事実」だった。それはコモンズの「制約的要因」（戦略的要因）に由来する。たとえば，ドライブをするためにガソリンが不足

第3章　前期オリバー・ウィリアムソンへの疑問

していれば，ガソリン不足がドライブ目的の「制約的要因」になる。運転する人やタイヤは補完的要因になる。ガソリンが補給されれば，「制約的要因」であったガソリンもまた補完的要因へと立場を変える。バーナードの機会主義は意思決定の事実的，客観的要因といえる。それはサイモンの事実前提にも引き継がれている。

　サイモンの機会主義は，組織目標と関連して論じられる。先ず，個人を超越した有機的実体としての組織目標を，物神化として斥ける。組織目標は，組織を構成する個人の価値前提である様々な目標からなる制約集合として捉える。組織が継続企業足りえるには，折々に組織目標の修正も必要になる。組織に忠実で，「パンがなにもなくなるよりも，半分のパンでも得ようとする」成員を，サイモンは機会主義者と呼ぶ。サイモンの説く機会主義者は，理想主義者と対比すればリアリストであり，戦術的な人物である。つまり，組織目標の達成に忠実な人ではない。組織の存続と成長のために，組織目標の変更に前向きな組織に忠実な人である。

　ウィリアムソンの機会主義は狡猾な自利追求である。彼によれば，トーマス・シェリング（Schelling）やアーヴィング・ゴフマン（Goffman）から想を得たようだ。ウィリアムソンの『資本主義の経済制度』（1985，以下EICと略）では約束を守らせるコミットメント問題に関連して，シェリングが引用される。「交渉は利益の分配と同様に，誘因システムを考慮しなければならない」のくだりである。シェリングはその直前に，極限状況の挿話を提出している。(1)誘拐犯は人質を解放したい。しかし人質が警察に訴えることをひたすら危惧する。(2)人質は解放さえしてくれれば，何も自白しないと約束する。(3)だが，自由になれば約束が守られる理由などない。そのことを双方ともに知っている。(4)だとすれば，誘拐犯は心ならずも人質を殺害しなければならない。そこでシェリングは次の提案をする。人質が脅迫のネタになる悪事を働いていれば，その悪事を誘拐犯に自白すれば人質は解放される。逆に人質が悪事を働いたことなどなければ，脅迫のネタになるような悪事を誘拐犯の目の前で行い，解放されても沈黙を守ることを誘拐犯に納得させる。シェリングの挿話は，「虚偽の，な

49

いし空虚な自己欺瞞的脅し又は約束」という本性があからさまな形で表現されている。村上泰亮が「ウィリアムソンのOpportunismの機会主義という日本語訳は弱すぎる」と指摘するのも，もっともである。

グラノヴェター（1985）は「ウィリアムソンの機会主義分析の市場とは，ホッブズの万人が万人の敵であるような自然状態と同じである」と指摘する。丸山眞男によれば，ホッブズの自然状態とは，人々の間を結ぶ共通の了解や伝統が何もない世界であり，隣の人がいきなり刺してくるかもしれないような極端な状況である。つまり人々がとても平静でいられないような市場で，狡猾な自利追求が無差別に行われる。ウィリアムソンが前提とする市場の原初形態は，市場を極度に物騒な状況に設定している。

サイモンは自利追求については，限定合理的なホモサイコロジカスの見地から，「動機と理性の弱点として認めてよい」と論文（1985, p.303）に記した。この記述に目をとめたウィリアムソンは幾度も，人間の「動機と理性の弱点」について言及している。サイモンは多くの人々は自らの利益ばかりを追わないで，口にしたことやそれ以上のことを実行しうると考えていた。つまり「動機と理性の弱点」は，平穏な日常的な出来事の中で，思わず出来心でした行動を想定している。他方，ウィリアムソンは，マネジメントの主要な役割はルーチンではなく，主に機会主義に端を発した「例外」をどう扱うかだと反論する。そして機会主義的行動（2002, p.427）は，人におもねる概念ではないため，表立って評価されることはない。しかし「動機や理性の弱点」というような楽観論では，予見しうる契約上の危険さえも見逃す傾向を持つ。それ故に，人がうっかり足を滑らせたようなありきたりな自利のトラブルでさえ，戸惑うのだと指摘した。

ウィリアムソンのモデルでは，誰も自利心の強いホモエコノミカスであり，強い機会主義を抱いた人間が想定されている。そして機会主義を取引費用分析の中心概念に措定するが，もともと機会主義自体は本質的な概念ではない。たとえば資産の特殊性と機会主義が結びつく事例では，契約当事者にとって，相手が約束違反をするか否かが不確定だからと言い換えられる。つまり問題の本

第3章　前期オリバー・ウィリアムソンへの疑問

質は契約が遵守されるかどうか，不確実性が存在するということに帰結する。機会主義がネックとなるケースは，不確実性がもたらす負の側面の1部である。交渉相手は律儀な人柄かもしれないし，ウィリアムソンが想定するような我欲の塊かもしれない。また，ウィリアムソンの機会主義では，経済主体すべてが打算で動くと仮定しているために，組織内でも機会主義は消散しない。利己的な人間モデルをどのようなガバナンス構造にも等しく当て嵌めるのは，コースとは異なる。

　コースの伝統に立つ取引費用の考えは，必ずしも機会主義に依存しない。当のコース (1993b, p.69 − 70) は「企業の本質」刊行50年記念コンファレンスの寄稿論文で，企業問題を論じる多くの経済学者が，資産の特殊性と機会主義的行動によって，垂直統合が形成されると信じることを慨嘆している。コースは現実の市場には，機会主義的行動のリスクが存在することを認めながら，やはり雇用契約が企業の本質であり，ウィリアムソン流の機会主義に関連づけた説明は，ミスリーディングだと記している。

　サイモンの組織一体化では，それぞれの個人に内生的に醸成される協働による信頼のような愛他的な人間関係が形成される。そうでなければ組織は存続できない。しかし，機会主義的行動を際限なく強調するウィリアムソンに対抗するために，80年代から弱い利他主義を論じ，やがてラジカルな利他主義モデル (1990) を提唱する。利他的な個人は社会の適応性には役立つが，個人にはメリットのない価値に仕える。しかし従順性ゆえに社会から様々な学習がなされ，その結果個人の適応度は増強する。行動ゲーム理論のヴェルナー・グートら (Güth et al 1982) の最後通牒ゲームの実験結果では，被験者の匿名性を守った1回限りのゲームでは，人々が不公平だと感じる金銭報酬を受け取ることを拒否する傾向が非常に強いことが立証された。人間の社会行動では他者も考慮する感情が流れている。行動ゲーム理論では，贈与交換，不平等回避などのモデルが提示され，利他的かつ合理的な理論が主流になりつつある。サイモンの利他主義モデルは，自分自身の利益にのみ専心する機会主義者や功利主義的伝統に立つホモエコノミカスに対する批判だった。

ウィリアムソンの機会主義での自利心は，狡猾なだけに，殺伐としている。ウィリアムソン（1985, p.391）は，本の結論で，TCEの人間観を語っている。TCEの住人は新古典派経済人と比べると，限定合理性を保持するために情報処理能力では劣るが，機会主義に投企しているために計算高さ――抜け目のなさでは勝っている。つまりTCEの住人は新古典派経済人よりも生身の人間に近い。とはいえ，取引費用が嵩むために，TCEの世界では親切，共感，団結力などといった人情には疎い。ここに，自利心とともに共感も併せ持つアダム・スミスとは異なり，彩りに欠けた孤独なTCE住人の自画像がデッサンされている。

　86年論文（1986b, p.177）では，新古典派経済人から組織人への進化は，新古典派の無限の認知能力とナイーヴな人間の本性の見方を修正するが，ナイーヴな人間の本性（最大化）を犠牲にして，無限の認知能力だけを修正するのだと記している。すなわち，「組織人」は限定合理的ではあるが，最大化行動は捨てない。

　ウィリアムソンは「組織人」という言葉を捻出して，サイモンの満足する男である「経営人」と距離をおく。その上で「組織人」は限定合理性ゆえ認知能力では劣るが，祖先の経済人よりも機会主義者だけに，動機はより複雑である。サイモン（1957a）は「経営人」を経済人の従弟と表現していたので，皮肉った言い回しをしたのであろう。

　ウィリアムソン（1985, p.44）は，EICでは当初，尊厳性がどのように経済組織を律するかを視野に入れていた。だが，その努力は成功しなかった。そして「残念な欠損であり，他日是正したい」と脚注に記している。そのため，尊厳性への言及は文中に再三，出没する。尊厳性はMH（1975, p.40, 訳書65頁）の人間の諸要因と環境の諸要因を外周する破線で囲まれた雰囲気に包まれ，人間の諸要因側にある。

第3章　前期オリバー・ウィリアムソンへの疑問

図表3-1　組織の失敗の枠組

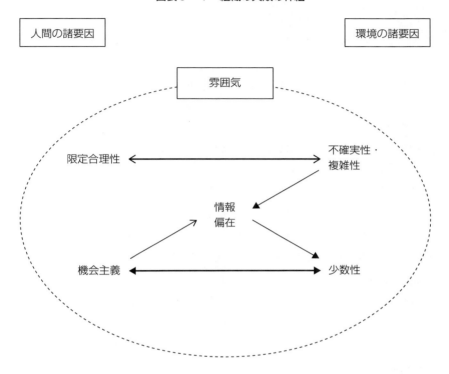

　尊厳性とは，TCEが自己の利益だけを追求する機会主義を緩和するために，イメージされた言葉のように思われる。契約に関与する「組織人」（1986b, p.177）は「経済人」と較べ認知能力では劣る。だが，より複雑な動機を持っている。
　ウィリアムソンが可能性を信じているのは，尊厳性という価値である。だが，尊厳性の価値は，今迄TCEでは無視されてきた。
　ウィリアムソンの説くプロセスの経済学では，尊厳性はあらゆる取引に等しく価値を持ち，意思決定への労働者の参加の拡大や適正な手続きを受け入れるという。今までのTCEでは，尊厳性は雰囲気の文脈で論じられたが，それは断片的でしかなかった。尊厳性という概念は重要な社会的意義を持っているが，

個人の功利主義的計算という点からのみガバナンス構造をとりきめようとしている人は，個人の尊厳性を軽視する。経済取引での功利主義的アプローチが人々に有害な非金銭的相互作用をもたらせば，その影響はより深刻である。
　資本主義（EIC 1985, p.271）では，往々にして尊厳性の価値を軽視する傾向がある。こうした状況の改善には，手続的防御として労働法の専門家たちの立法が役立つと，ウィリアムソンはいう。こうした尊厳性の概念は，機会主義分析の中核に置かれていた利己主義的な経済人を打ち消すようにも窺えるが，ウィリアムソンの中で持続性をもつかといえば，どうにも後が続かなかった。ウィリアムソンの説く尊厳性は，機会主義に抗する倫理的な概念であり，彩りに欠けるTCEの人間観では欠かせない概念であった。
　しかし，そのような淡い期待を拒絶するかのように，ウィリアムソンは，本の前半に於いて，「自利実現が承認される場合，または，服従，自制，従順性に富む前提では，機会主義は消失する。そして従順さは非自利に等しい」（1985, p.49）と記す。そこで述べられた従順性は，一枚岩の集産主義の脅迫の下での従順である。不穏な脅迫のもとで示される従順性は，自己保身のために自利心に従う態度にほかならない。従順性の本質とは，全く違う。また従順性は自利心のない，まるでロボット行動のようだと酷評し，組織一体化をあたかも中央政府の命令により自利が消失した状態のように，ウィリアムソンは脚色を加える。
　ウィリアムソン（1985, p.49 – 50）はユートピアを論じた文献と従順性を結び付け，従順性は機械論的であり，非現実的な想定として見做す。そしてトヨタ（1985, p.120 – 3）のグループ経営の成功に注目する一方で，日本では，取引のリスクは機会主義への文化的・制度的なチェックがなされ，アメリカと較べて厳格でなくても事足りると論じている（1985, p.122）。日本文化が，あたかも機会主義を抑制することにあるように見做している。ウィリアムソンは，アメリカや西側諸国のmake-or-buyと同一原則を日本にも当てはめ，とどのつまり，個よりもグループ全体を重視する彼の日本の視察結果と矛盾する論理展開を行っている。日本的経営批判の微香が漂う。

また「完全なる一体化は，中央計画により自利が消失する極端な管理を是認することである」とアドルフ・ロウ（Lowe）を引用している。ウィリアムソンの自利心と従順性の対立構図を作ろうとする筆致は，あまりに作為的である。

ウィリアムソンvsサイモン

1988年の春，チェスター・バーナード記念シンポジウムの講演の中で，ウィリアムソンがサイモンの満足化を棄却したことにより，両者の対立は決定的になった。ウィリアムソン（2004, p.290 - 1）によると，サイモンから，「あまりに新古典派的過ぎる」としばしば苦言が呈されたという。ウィリアムソンによれば，企業理論への主たる相違は，お互いに限定合理性に同意しても，サイモンは満足化に傾倒し，自らは不完備契約に没頭したことであった。

サイモンとウィリアムソンの交流を知る第三者の立場から，ミー・オージェ＆ジェームス・マーチ（Augier & March 2008, p.95 - 105）は「リアリズム（≒行動経済学）vs包括性（≒新古典派経済学）」という問いを立てた。ウィリアムソンがリアリズムを指向する一方で，他方では新古典派の一翼を担う立場に留まることについて，二兎を追っているとサイモンは論難した。ウィリアムソンの基本的スタンスは，経済組織のガバナンス様式について，新古典派経済学のツールを使用して，新古典派的な組織分析をすることだった。

ウィリアムソンは新古典派の前提の下に組織を想定し，その枠組の重要なパーツとして，サイモンの限定合理性を埋め込んだ。かくて新古典派の教本はそのまま認定されたが，その意味内容は変質した。ウィリアムソンは主流派の一翼に留まる一方で，企業理論との新古典派総合を指向した。サイモンの見立てでは，ミイラ取りがミイラになった。古い最大化のボトルに，限定合理性の新しいワインを注ぐことになった。

TCEでは，取引費用は，すべて情報不足に還元される。ダールマン（Dahlman 1979, p.148）の定義では，①取引する相手探しの情報獲得費用，②商談での商品市況などの情報獲得費用，③契約違反をするかどうかの情報補正の費用である。最大化に必要な完全情報を得るには，限定合理性ゆえに取引費用が嵩む。

つまり取引費用を最小化することと，広義の最大化を図ることは双対命題となる。TCEでは不完全情報と限定合理性とが，いつもセットで提示される。だが，限定合理性は不完全情報によって正しい判断ができないことではない。かりに完全情報が獲得できるとしても，そのための追加的取引費用を算定する思考能力や計算能力の限界は解消されない。限定合理性は取引費用の節約のための命題ではない。

GM（1996, p.46, 訳書288 − 9頁）の中で，「TCEは限定合理性を包摂するが，経済組織の研究での限定合理性の主要な帰結は，全ての複雑な契約は不可避的に不完備になることである」としている。TCEが限定合理性を包摂するというのは，包含関係の逆転である。また限定合理性を分析枠組みとして用いる主要な帰結を不完備契約だけに収斂させるのは，限定合理性命題の矮小化に他ならない。

ウィリアムソン（1985, p.32）では，限定合理性，機会主義そして資産の特殊性が結びついた時に，計画は限定合理性のために不完全になる。約束は機会主義のために決裂し，取引当事者たちの一体感は資産の特殊性のために深刻な状況に至る。クリストス・ピテリス（Pitelis 1993, p.12）によれば，もし限定合理性が存在しなければ，あらゆる潜在的問題は解決可能となる。機会主義が存在しなければ，市場の責任原則は貫徹される。資産の特殊性がなければ，競争的市場は堅持されるに違いないという。

ウィリアムソンは限定合理性を節約するというフレーズが，かなり気に入っているようである。曰く，限定合理性を節約するために取引を組織化すると，しばしば記される。また，それ以外でも，「限定合理性を節約し，組織的カオスから秩序を作り出す……」（1981, p.571），「組織を限定合理性の節約のための手段として」（1981, p.571）など幾度も登場する。

だが，これらは限定合理性の明らかな誤用である。ジェフリー・ホジソンの指摘を踏まえて，以下に論証を試みる。①限定合理性は「人間が計算し，推論を行う能力には限界がある」ということである。限定合理性はそもそも節約できるような希少資源ではない。②百歩譲って，「人間が計算し，推論を行う労

第3章　前期オリバー・ウィリアムソンへの疑問

力や時間には限界がある」と考えれば，その労力や時間はたしかに節約可能な希少資源である。限定合理性をこの意味に解釈して，限定合理性の節約とは，「人間が計算や推論を行う労力や時間を節約すること」だと解釈しよう。③しかし，「計算や推論においての労力や時間を節約する」ためには，そのために更なる計算や推論が必要となる。当然，計算や推論のための余計な労力や時間が発生してしまう。つまり限定合理性は，節約できない。ウィリアムソンは新古典派パラダイムの中で，限定合理的な人間が節約を極めることによって，なおかつ最大化原理を採用する思考実験を正当化しようとしている。

　今日，状況は様変わりし，行動ゲーム理論では効用関数が与えられた時に，効用を最大化する場合を合理的と呼び，効用最大化できずに，ある一定程度の効用水準で満足する場合を限定合理的と呼んでいる。この考え方は，経済人が最高限を追求するのに対して，経営人はある程度で満足するというサイモン説に夫々呼応している。川越敏司（2010, 136頁）によれば，完全合理的な経済主体は可能な限り得られる情報を駆使して，予測が正確になることを目指す。けれどもレベルK理論で想定されている限定合理的な主体では，ある一定程度正しい予測なら満足する。行動の面では，与えられた予測の下での最適な選択をするという意味で合理的であるが，予測の面ではある水準の正確さで満足している。全体として，その選択は限定合理的なわけである。皮肉な言い方だが，主流派の完全合理性も，最大化という間違った予測の下で，最適な選択を考えていると捉えるなら，全体として限定合理的であると言えなくもない。

　アイザイア・バーリンは「キツネはたくさんのことを知っているが，ハリネズミはでかいことを1つだけ知っている」として，トルストイをハリネズミだと主張するキツネにたとえた。一方に，ハリネズミのように単一ビジョンに全てを関連づけ，そのことだけを考える人がいる。他方で，キツネのようにしばしば無関係で，時には相矛盾する多くの目的を追求する人もいる。

　オージェとマーチ（2008, p.103）はバーリンのトルストイ論評を借用し，サイモンはウィリアムソンを「自分はキツネだと主張するハリネズミ」として見ていたという。トルストイはハリネズミかつキツネを目指し，ハリネズミの

一元論とキツネの価値多元論の二律背反を解決することができずに，苦悩した。ウィリアムソンもまたトルストイ同様に，キツネとハリネズミの両方になることを望んでいたかのように論じている。

オージェとマーチのトルストイのたとえは，およそ不適当で，要はウィリアムソンの二律背反する営みを，もったいぶったレトリックで糊塗しようとしただけである。サイモンはウィリアムソンに対して，現実にコミットする行動経済学者なのか，それとも現実から遊離した新古典派学者なのかという二者択一を迫ったのである。しかし，ウィリアムソンは新古典派的総合を希求した。ウィリアムソンが新古典派と決別し，実証的で経験的なリアリズムの世界へ専念することを，サイモンは望んでいた。

2　ウィリアムソンの問題点

サイモンの最後の著書『経験に基づいたミクロ経済学』（1997a, p.38）では，「（新）古典派やその新制度派的変種の企業理論が示唆するよりも，現実の組織には遥かに多くの構造や複雑性がある」と記されている。つまり新制度学派（実際はウィリアムソン）は組織の実証研究に怠慢だと，サイモンは考えていた。ウィリアムソンはその反論を2000年春に書き上げ，サイモンの没後に「経験的ミクロ経済学：もう一つの視座」（2002）として発表した。サイモンとウィリアムソンの論争は絶え間なく続いたが，表面は紳士的だが，見えない刃で斬りあっているように思える。組織と市場をめぐる議論は双方のライフワークである。だが，ウィリアムソンの市場－階層アプローチには，組織の内実への切り詰めた問いがない。以下にその点描を試みる。

偽りの階層

MH（1975）で，コースの「企業の本質」（1937）の洞察は，一斉開花した。コースの企業生成の理由には，2つの見方がある。1つは，価格メカニズムを利用すると費用が発生することだった。すなわち，市場利用の費用と組織化費

第3章 前期オリバー・ウィリアムソンへの疑問

用を同一平面において，比較費用により取引費用の差額利潤を根拠として企業は出現する。もう1つは「雇用者と被雇用者という法的な概念の本質は，監督という事実」にあり，雇用契約の権限関係に企業の本質を見た。

ウィリアムソン（1975, p.20, 訳書35頁）は「説明の便宜上……」と前置きして，「はじめに市場があった」というメタ前提を仮定した。この点はコースも同様である。当然，このような想定は1つのイシューを提起する。

コースも，ウィリアムソンも，何も存在しない市場だけの状態から始まる。つまり，本来ならば，市場取引だけですむはずであると仮定した。それならば何故，組織が出現するのかという問題構成を採っている。このアプローチに対し，第2章で述べたようにフーリーは「市場は何も生産しない」という盲点をついた問題提起を行った。つまり市場交換は生産を前提とするが，それには生産する人々や企業が先在しなければ成立しない。つまり誰が生産したのかという発生史的な問いへと向かう。経済史のダグラス・ノース（North 1981, p.41, 訳書57-8頁）によれば，最初に知られた価格市場は紀元前6世紀のアテネのアゴラに見られ，交換はそれ以前の数千年間にわたって行われてきた。初期の組織形態の存在を説明する糸口を持っているのに，「はじめに市場があった」とするのは歴史の決定的な事実を無視していると指摘した。

さて，コース論文では，「労働者がY部門からX部門へ移動する場合，彼は相対価格の格差で移るのではなく命じられたからだ」と企業の本質が象徴的な1行に凝縮された。コースは組織と市場の原理的相違として，権威的関係を予定した雇用契約と平等な関係を前提にした売買契約にあると捉えた。コースにとっての企業の本質は，「雇用契約により，階層秩序を通じて調整者としての企業家が生産を方向づける」ことだった。

他方，ウィリアムソンの市場-階層アプローチの思惟基盤は，組織と市場の比較分析にあり，内部市場vs外部市場を描写することだった。ウィリアムソンは，組織を各取引のガバナンス構造として見た。そしてウィリアムソン（1983, p.520）は，主流派は伝統的に，契約や交換の法的研究を回避してきたとし，契約法を無視しているという。

EIC（1985, p.221）では，階層を意思決定メカニズムとして認識する一方で，階層が締結する契約の分析を行っている。たとえば，1名もしくは数名が全ての交渉に責任を持つのなら，契約分析上，その階層は卓越している。市場－階層アプローチでは，ガバナンス様式の分析に契約アプローチを用いるために，新古典派的市場万能主義よりも，広い視野から人間行動を想定することが可能になった。そして，組織の分析も交換ベースの地平へと導かれる。

　さて，ウィリアムソンは，MH（1975）及びEIC（1985）でも取引費用の定義を行っていない。MH（1975, p.xi，訳書ii頁）では，コモンズの見解はいまだかつて広く受け入れられたことがないと述べつつ，自らは「取引はミクロ経済分析のこれ以上細分化できない分析単位」というコモンズを継承した。ウィリアムソンの取引費用の定義は，論文集の『エコノミック・オーガニゼーション』（1986a）で明らかにされる。

　「アローが言及した経済システムのランニングコストは，契約条件との関係で考察すると有用である。技術的に分離可能な独立主体間の実行可能な様式は，次の観点から検討に値する。それは交渉し，契約書を作成する事前的コスト，同様に執行し，監視する事後的コスト，そして紛争が生じた時に当事者間を結ぶ（明示的，黙示的）契約修復のコストである。従って，財やサービスが技術的に分離可能な接点間で移転された時に，取引が生じる。」（1986a, p.136, 訳書176頁，傍点：筆者）

　アローの指摘する経済システムのランニングコストとは，取引費用のことである。実は，引用には取引費用の定義について，由々しいダブルミーニングがある。第1の定義は，契約に基づいた取引費用の定義である。だが，傍点をつけた第2の定義の技術的に分離可能な接点間での移転は，物理的な引渡しの定義である。この定義では，取引費用と引き渡し時に伴う諸掛（運賃，保険料など）が，弁別できない。いずれにせよ，異なる取引費用の定義をウィリアムソンは併用している。ホジソンもダールマンと引照して，第2の定義の取引費用は運送費から識別するのは困難だとした。

　市場と階層には明確な境界があり，しかも構造上の違いがある。ウィリアム

第3章　前期オリバー・ウィリアムソンへの疑問

ソンの意図は，この問題を外部市場と内部市場という同一平面へ場を移すことだった。MH（1975）では，労働，資本，中間製品の外部市場の失敗から内部労働市場，M型ミニチュア資本市場，垂直統合へと導かれる。外部市場は勿論のこと，内部市場も契約集団による交換システムとして扱われる。

　ウィリアムソンは，契約と交換に焦点を当てたアプローチに固執して，コース以来の市場の調整や組織の権威（命令－服従）をないがしろにしている。内部市場はコースの伝統を犠牲にして，階層内部にも市場が存在するかのような誤解を抱かせる。もとより階層の存在理由は，内部における価格メカニズムの廃絶と命令による資源配分にあった。コースでは，企業内調整者としての企業家が，生産を方向づけると強調された点である。

　したがって，ウィリアムソンの比較分析の対象は，外部市場vs内部市場，もしくはMH（1975）の8章のM型組織分析での階層（M型）vs階層（U型）にあった。M型組織の特筆すべき長所はミニチュア資本市場の創造性にあるとウィリアムソンが論じた時，もはや階層もまた市場問題へと転じた。MH（1975）は，市場と階層ではなく，実は市場についての記述であった。この点はEIC（1985, p. 221）でも一貫しており，EIC（1985）でも契約と交換によって階層分析がなされた。ウィリアムソンには，組織の本質についての切詰めた問いはない。ケイ（1993, p. 257）は「偽りの階層」だと記している。

　実際，ウィリアムソンの内部市場というのは，組織を無内容なものにした。雰囲気の経済学の当初の意図では，非金銭的満足感の交換といった精神的関与と効率性が分かちがたく結びついていた。そこでは，機会主義や限定合理性，そして環境の諸要因（不確実性，少数性）をも包摂する概念として壮大なスケールで構想された。

　しかし雰囲気の経済学では，内部労働市場の説明がつかないというジレンマに陥る。すなわち，雰囲気の経済学の枠組では，雇用関係については，逐次的スポット労働市場が失敗すると単純階層へと移行し，そこでは，内部労働市場が形成される運びとなる。しかし単純階層の内部労働市場だけではなく，他方で移民の農業労働者などのスポット労働市場も現実に共存している。2つの契

約様式が雰囲気にもたらす作用が同一とすれば，スポット労働市場から階層，その逆に階層からスポット労働市場という代替転化を説明する図表３－１の雰囲気の経済学の枠組は成立しないことになる。

　しかし，スポット市場か単純階層かという契約様式についての効率性の計算をすれば，職務が代替性を持つときはスポット労働市場が現れ，職務が熟練労働のような特異性を持つならば，単純階層内の内部労働市場が意識的に創り出される現象は説明がつく。かくて，非金銭的満足感の交換は捨象され，効率性からの議論がウィリアムソンの中心テーマとなった。

　こうしてウィリアムソンは，共感，尊厳，互酬などといった準道徳的な精神的関与を捨てて，効率性のみを一面的に発展させていくことになる。だが，労働力という生産要素の市場化には自ずと限界がある。野放しの市場化はありえない。労働市場にも制度やルールを組み込む必要があり，効率性だけで割り切れるものではない。

　しかし，ウィリアムソンの場合，労働関係の特殊性は考慮されず，取引費用の発生しない完全競争的な労働市場が措定されている。職務の代替性があれば，一般技能だけで十分な公開スポット市場だけでよい。

　雰囲気の定義は当初から漠然としていた。GM（1996, p.270）では，「EIC（1985）の経済組織でも，MH（1975）と同様に雰囲気は重要だった」と弁明しているが，進展が見られなかったため，何も論じなかったという。MH（1975, p.39, 訳書64頁）では，雰囲気とそれから派生する帰結とを全面的に論じようとすれば，本書ではとうてい取り組むことのできないような広範な社会経済的諸問題が提起されてくるとされた。GM（1996, p.270）になると，とかく打算（計算指向）は抑制がきかない。それはガバナンス構造にも現れ，雇用関係でも打算の行き過ぎが見られる。それを打ち消すのが雰囲気であったという。さらに2000年代に入り，ウィリアムソン（2004, p.292, n.4）は，「雰囲気の経済学は発展途上であった」と記した。効率や節約では論じえない，共感，尊厳などを包摂した雰囲気の経済学は，殺風景なウィリアムソンの世界観を修正するような魅力的な構図だっただけに勿体ない。

第3章　前期オリバー・ウィリアムソンへの疑問

雇用の境界

　企業は市場とは異なり，内部と外部の区別がある。企業は労働者との間で雇用契約を結び，被雇用者は企業に所属し，そこでは権威が存在する。また，企業の外部関係として市場取引が存在する。

　アーメン・アルチァンとハロルド・デムゼッツ（Alchian & Demsetz 1972, p.777）には，「秘書にあの資料をファイルするかわりにこの手紙をタイプしてくれというのは，食料雑貨店であのブランドのパンではなくこのブランドのツナ缶を売ってくれというのに似ている。」という比喩があり，しばしば引用される。これは市場での販売契約と企業の雇用契約の間には，本質的な違いがないという主張である。アルチァンとデムゼッツは市場の普遍性を立証したいがために，企業の雇用関係も売買取引と見做し，全てが市場だと理解した。もちろん，企業と市場は同質ではない。

　ウィリアムソン（1975, p.68, 訳書115頁）は被雇用者には事前には知りえない職務の特殊性があり，食料雑貨店の店主と顧客の関係とは明らかに異なると考えた。また，スポット市場的な契約では，ルーチン作業を超えるものは一般的でないとして，アルチァンとデムゼッツの議論の修正を示唆した。

　サイモン（1951）も，もし自宅に新しい舗装された歩道が必要なら，歩道を入手するための契約をするか，歩道敷設のための労働者を雇うかという問いを提出した。前者は請負契約（役務契約）であり，後者は雇用契約（労務契約）である。両者は明確に区別されている。前者の請負人は自営業かもしれないし，建設工事会社に雇われている人かもしれないが，どちらにしても部外者である。

　既述のように，MH（1975）では，「最初に市場があった」というメタ前提をおいて，ウィリアムソン（1975）は市場取引ではどのような選択があるのかについて論じた。フーリー（1993）は，MH（1975）の第3章（単純階層），4章（雇用関係），5章（中間製品市場）の3つの状況について，論理不整合だと指摘している。フーリーの指摘に先立ち，各章の結論部分だけを示すと，第3章では労働市場の失敗から単純階層，第4章では現物市場の失敗から内部労働市場，第5章では中間製品市場の失敗から複合階層（垂直統合）が生成された。

63

① 第1の状況：労働市場では，個人間の自律的な契約は取引要因（限定合理性，機会主義，少数性）により妨害され，労働者は単純階層に参加する。権威と服従により編成された組織は，取引上の妨害を克服する。単純階層は労働市場の失敗から生じる。
② 第2の状況：雇用関係には，条件つき請求権の契約，逐次的スポット契約，サイモンの権威関係，そして内部労働市場の4つの契約様式がある。最後の2つが企業内部に存在し，サイモンの権威関係よりも，階層内の内部労働市場の方が労働者の積極性を促進する。
③ 第3の状況：中間製品市場での技術的に分離可能な生産単位間での部品交換を考慮すると，①と同一の取引要因が，再び市場取引を妨害する。そのため生産単位を合併させた複合階層になる。すなわち，垂直統合は中間製品市場の失敗から生じる。また複合階層は，部門管理者（内部請負人）まで含めた雇用関係の拡大になる。

さて，MH（1975）で最初に奇異に感じたことは，②のサイモンの権威関係よりも内部労働市場の労使関係を適切とみていることである。ウィリアムソンによれば，サイモンの権威関係では，被雇用者が引き受け可能な最低限の協力を示せばそれですむ。被雇用者は「あれをせよ」「これをせよ」といわれ，限られたうわべだけの協力しかしない。ウィリアムソンは「受容圏」については全てバーナードに依拠するとして，バーナードと引照している。ただし正確性を欠いた記述であり，その点は後述する。組織が協力を促進するには，内部労働市場が最適であると主張している。

違和感を抱いた点はもう1つある。③の部門管理者である内部請負人を雇用関係に移す措置を雇用関係の拡大と見たことである。第1次大戦まで続いた「内部請負制度」では，生産手段（プラントや設備）は企業の経営者が保有するが，企業経営者は原料と販売を担当し，生産業務はすべて内部請負業者に一任された。内部請負人は自分で労働者を雇い，作業過程を監督する。技術的知識の乏しい資本家との契約では出来高払いの賃金を収受するが，労働過程の監督

第3章　前期オリバー・ウィリアムソンへの疑問

下には入らない。後年のウィリアムソン（1996）になると，中間組織に該当するが，法的には別会社である。したがって，資本主義企業の被雇用者には該当しない。

ウィリアムソン（1975, p.96, n.19）は，「内部請負制度」を限定された意味での垂直統合として見ている。「内部請負制度」は請負契約に基づく市場取引である。しかし機能的には，高級熟練工の職長（親方）が組織する労働者集団を間接雇用しているともいえ，統合の1変種として見た。

また，その直後（1975, p.99, n.20）では，「内部請負会社の従業員」と「職長も従業員であるような全面的に統合された企業の従業員」を比較している。この場合では，内部請負の労働者にも，雇用契約を前提とした言葉の従業員が使われている。内部請負制の労働者は，企業が直接雇用した従業員ではない。さらに，内部請負業を雇用関係に移す措置は，垂直統合となるはずだが，ウィリアムソンは雇用関係の拡大としている。雇用とは人を雇い入れることであり，統合とは生産組織が1つになることである。

内部請負制の直接的労務管理への転換は，職長のみならず，配下の労働者も一緒に雇用するとなれば，それは外部関係の統合である。そうではなく，職長のみを引き抜き，発注企業が雇うのなら，それは雇用の拡大になる。このように，ウィリアムソンは，請負契約と雇用契約を曖昧にして記述している。

また①第1の状況，②第2の状況，③第3の状況の設定も説得力を欠いている。つまり①（第1の状況）の労働市場では取引阻害要因（限定合理性，機会主義，少数性）の共存から，取引上の失敗を克服するため労働者は単純階層に参加する。

③（第3の状況）では，①の自律的な主体間の契約を労働市場で妨げた同一の取引要因（限定合理性，機会主義，少数性）が，中間製品市場の交換の阻害要因となる。そして生産単位を合併させて複合階層となる。

ウィリアムソンの真意は，企業の存在しないところから企業が生成される単純階層と，企業が存在している前提から企業が統合される複合階層を区別することにあったのだろう。だとすれば，ウィリアムソンの取引阻害要因（限定合

理性，機会主義，少数性）から生じた市場の失敗によって，単純階層が生成されるというロジックが，どうして垂直統合が存在するのかの説明に，等しく使用されるのはおかしい。つまり，垂直統合が存在するのは，中間製品市場の失敗による内部組織への置換として見做されている。しかしこのケースは，たとえば双方独占などに代表される部品生産企業と組立企業の買収や合併による統合（階層の内部化）である。単純階層（市場の内部化）は市場の失敗によるものであり，複合階層（階層の内部化）は組織の失敗として説明されるはずのものである。つまり，ウィリアムソンの組織の失敗（＝市場の失敗）の枠組みは破綻する。

　また，はじめに市場があり，自律的な主体間での契約が最初から行き渡っていたと仮定するのであれば，①（第1の状況）がどうして労働市場でなければならないのか？もしスポット市場取引から雇用プロセスへの移行を描写する目的なら，今度は②（第2の状況）の雇用関係と分離する意味がなくなる。フーリー（1993）は「ウィリアムソンは雇用，下請け，結合などの区別に成功していない。市場と企業（階層）が識別されていないのは明白だ」と記した。

3　グラノヴェターのウィリアムソン批判
　　──「権威受容説」をめぐって

　サイモン（1997a, p.45）は，ロシアの経済的破綻の原因について，経済学者たちは往々にして，旧体制の中央政府の誤りに帰するが，それでは旧体制が倒れ自由化された後のロシア経済の混迷の説明にはならないという。つまり，組織化技能や組織的忠誠心を得ることの失敗が，経済的苦境の主因であり，ペレストロイカが始まるかなり前にはありがちなことだった。組織こそ，ロシアの混乱と失敗の主役だったと記した。他方，ウィリアムソン（2002, p.421）は組織と市場の研究に於いて，サイモンは企業の弱点に沈黙していると批判した。サイモンの組織観を見ておこう。

　サイモンもコース同様に，組織の本質を雇用契約の権威関係に見た。雇用契

第3章　前期オリバー・ウィリアムソンへの疑問

約は，不確実な状況では当事者双方により柔軟な関係を保証すると考え，権威の受容圏として権力関係を正確に捉えていた。『人間行動のモデル』（1957b）の第Ⅲ部の解説で，雇用関係の理論的な前提として以下の2つを提示している。

①不確実性により，雇用者は従業員に何を行わせるかの決定を延期した方が有利になる場合であること（決定遅延の利益）。また，②従業員は多くの仕事の種類の中から何を行うのかについて，事実上，無関心の時であることであった。

すなわち，①はいくつかある将来の行動のうちのどれが，雇用者にとって有利であるのかが不確実であり，②の従業員の無関心は，使途が未記入の小切手にサインすることと同じだとされた。たとえば秘書が雇われる場合，雇用者はどの手紙を彼女にタイプさせるかがまだはっきりせず，かつ秘書の方もあの手紙よりこの手紙をタイプしたいといった好みを特に持たない場合である。かくて雇用契約は，不完備な契約になる。サイモンは，また「従業員を合理的経済人と見做すことができるのは，従業員が彼のサービスをその企業に売っているからであり，比喩的に言えば労働サービスの遂行から彼自身を切り離しているからなのである」と考える。

サイモンの「雇用関係の定式化理論」（1951）の雇用関係のモデルでは，いったん雇用契約が被雇用者の「権威受容圏」内で結ばれると，それが雇用者の権威の範囲内になる。また，「雇用者がオーソリティーを行使する時に，労働者の満足を無視し，かつ雇用者の利益だけを考慮に入れるのではなく，雇用者が労働者の満足を考慮に入れると信頼を持っているなら，労働者は少ない賃金でも喜んで働く」としている。労使関係には契約を超えた信頼が不可欠だと，サイモンは考えた。オーソリティーの概念について，サイモンは「バーナードの定義と本質的に等しい」と述べ，「『オーソリティー』は，他人の行為を左右する意思決定をする権力として定義できる。一人は上司，他は部下という2人の個人間の関係である」とした。

実は，バーナードの「無関心圏」を巡って，マーク・グラノヴェター（1985）とウィリアムソン（1996, p.33, 訳書268－9頁）間にちょっとした論争がある。主要論点を図表3－2に示しておく。

67

図表3－2　グラノヴェターとウィリアムソンの「無関心圏」をめぐる論点比較

グラノヴェター (1985)	1　ウィリアムソン（1975, p.77, 訳書128頁）はa）バーナードの「無関心圏」―命令されたことを行うかどうかについてどちらでもいいという理由で，被雇用者が命令に服従する範囲―を論じる際に，代わりに「受容圏」に関して話すようになる。 2　ウィリアムソンは，服従の未定の性格に対するバーナードの強調を骨抜きにした。 3　バーナードの使用方法をこのように変更するのは，サイモンによって最初に行われたように見えるが，彼は「受容という言葉を好む」と書いているだけで，正当化はしていない。
ウィリアムソン (1990)	1　グラノヴェターは，バーナードの「無関心圏」をサイモンが「受容圏」へと読み替えたことに反対する。b）「バーナードが問題の多い服従の性格を強調した点」を骨抜きにするからである。 2　「無関心圏」は，ある程度「受容圏」内に含まれる。通常，命令のほんのわずかな部分だけが残留と退出の限界状態に個人を置く。 3　サイモンの読み替えのひとつの目的は，科学的な用語の展開にある。雇用関係の文脈において，「無関心」を「受容」に読み替えたのはその目的を達成するためである。

　また，次頁の図表3－3に，バーナードの権威受容説の概要を図示した。議論の順番として，先ず，図表3－3のバーナードの持続的な協働を可能とする3条件(a)(b)(c)を確認し，その後で，噛み合っているとは言い難いグラノヴェターの問題提起とウィリアムソンの回答について比較対照したい。

　バーナードの持続的な協働を可能とする3条件(a)(b)(c)は，およそ下記の如くである。原則的にも実質的にも，権威の決定権は下位の部下の手中にあるとされる。しかし，実際には(a)のみが部下の意思決定を経るが，(b)(c)は部下による意思決定は回避され，行為は実行される。

第3章 前期オリバー・ウィリアムソンへの疑問

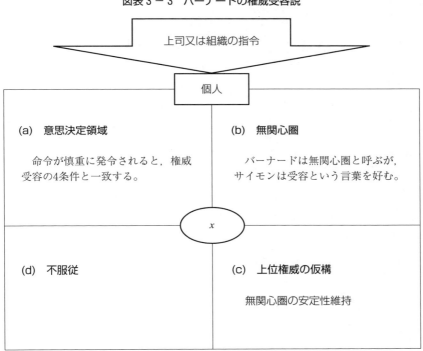

図表3-3 バーナードの権威受容説

(a) 意思決定領域：命令が慎重に発令されれば、権威受容の4条件（理解可能、組織目標との整合、個人利害との整合、実行可能）に一致している。
(b) 無関心圏：おのおのの個人には「無関心圏」が存在し、その圏内では権威の有無を意識的に問わずに受容しうる。
(c) 上位権威の仮構：成員集団の利害は、個人の主観あるいは態度に「無関心圏」の安定性をある程度まで維持するような影響を与える。

そこで、図表3-2のグラノヴェターのa）の指摘は、MH（1975）から端を発している。ウィリアムソンがバーナードの「無関心圏」を論ぜず、代わりに「受容圏について語った」という指摘は正しい。サイモンは、図表3-3の(b)と(c)を受容圏として捉えた。ウィリアムソンは実際、きわめて奇妙なことで

69

あるが，(b)の「無関心圏」については論じていない。文脈をたどると，ウィリアムソン（1975, p.77, 訳書128頁）は「受容圏内に入る命令について権威に従うだけなら，被雇用者が受容しうる最低限のことをするだけで済む」として，「受容圏についてはバーナードからの引用文で論じる」と脚注に記している。そしてウィリアムソンが引用した内容が，図表3－3の(c)の上位権威の仮構であった。具体的には，「権威の否定は1つの脅威となる。したがって，いつでも大部分の貢献者間には，自分らにとって無関心圏内にある命令は，すべてその権威を維持しようとする積極的な個人的関心がある」だった。その後のバーナードからの引用は2か所ある。

①「上位権威の仮構は，ただ【階層組織からの】命令を受け入れやすくするような予想を個人間に確立する」（1975, p.101, 訳書165頁）にもかかわらず――②「上級役員としても部下としても，私は「権威」ほど「リアル」なものは実際にないと思っている」が引用されている。

以上は，全て(c)の上位権威の仮構の議論である。なるほど，MH（1975）に於いての権威の受容は，「労働者が指定された時間と場所で，あるきわめて規定された方法で『これをせよ』とか『あれをせよ』といわれる」ことに限定されていた。

ウィリアムソンのバーナード引用の①は，命令が一般に予期された範囲内にある場合は，上司の命令というだけで自動的に受容されることを意味し，また②は責任の組織への委譲，あるいは組織の利益が自分の利益であると信じ得るなら命令は受容される。だが，不服従による制裁の脅威から受容することもある。上記①の理解は上位権威を前提とすれば，「無関心圏」はある程度含まれると言える。

グラノヴェターの指摘に対して，ウィリアムソンの図表3－2のb）の回答は，誤解を招く方法でなされている。まず恣意的にせよ，または短絡にせよ，「無関心圏」の説明を欠いたことを受け入れ，不十分であったことを明らかにするべきである。そこで，図表3－2のb）の「問題の多い服従の性格を強調した点」こそが，「無関心圏」である。そこには，命令が権威を持つか否かを

第3章　前期オリバー・ウィリアムソンへの疑問

意識的に問わない心理的メカニズムが存在する。だが，ウィリアムソンは「問題が多い」と述べただけで，指摘には何ら回答していない。バーナードの「無関心圏」の定義は，下記の通りである。

第1に，明らかに受け入れられない命令――確実に服従できない問題がある。（図表3－3の(d)）

第2に，中立線上にあるもの――どうにか受容できるか，あるいは受容できないのかの瀬戸際の命令（図表3－3のx）である。

第3に，問題なく受け入れる命令――これが「無関心圏」内の命令で，図表3－3の(b)がそのまま該当する。

　図表3－2のグラノヴェターの指摘2の「服従未定の性格」とは，図表3－3のxであり，どうにか受け入れるか，あるいは受け入れられないのかの瀬戸際にある。やがては「無関心圏」（図表3－3の(b)）ないし安定性維持（図表3－3の(c)）に入るか，それとも不服従（図表3－3の(d)）なのか，はたまた意思決定領域（図表3－3の(a)）もありなのか――が決まる。階層組織に於いて，部下の態度保留はままあることである。これに対するウィリアムソンの回答はどうであったか。「無関心圏」には言及がなかったため，MH（1975）の中でxが論じられることはない。図表3－2のウィリアムソンの回答2の「無関心圏」は，ある程度「受容圏」内に含まれるというのは，上位権威を前提として前頁の①「命令が一般に予期された範囲内にある場合は，上司命令というだけで自動的に受容される」で納得できる。そこで「無関心圏」のx部分だが，ウィリアムソンは回答2では，通常命令のきわめて小さな部分集合でしかなく，残留するか，退出するかのぎりぎりの縁に個人をおくとしている。x部分について，グラノヴェターは重視し，ウィリアムソンは軽視する。

　図表3－2の3の指摘については，グラノヴェターの引用は正確である。だが，ウィリアムソンの回答3の科学的用語の展開というのは，ウィリアムソンの勝手な憶測である。ここでの主語はウィリアムソンでなければならないが，定かではない。サイモンの代弁をしているように見えるが，実は自己弁護的である。

さて，上記のウィリアムソンのグラノヴェターの問題提起に対する回答の態度は，誠実とは言い難い。彼はポレミックであり，サイモンを筆頭に相手を違えて，幾度となく論戦を繰り広げた。だが，その論争のスタイルは多分に策略的であり，エチケット違反も散見される。よく見るパターンを以下に数え上げてみよう。

　先ず論争に於いて，相手の主張を極端な文脈に置いて解釈するパターンがある。この章でも述べたように，サイモンの従順性を恐怖政治下の黙従に等置する例があった。また相手の議論の幅を説明もなく，狭めることもある。機会主義を念頭に浮かべつつ，あえて伏せ字にして，サイモンが一度だけ，自利は「動機と理性の弱点」だと記すと，ウィリアムソンは過剰反応して，「動機と理性の弱点」を咎める安直な引用が頻発した。また実際には，ウィリアムソンの見解として明示されたわけでもないのに，アローなどよく引用されている。アロー（1987, p.734）の「なぜ経済制度が存在するのか。それは経済史と合流し，慣習的なもの以上に身についた，より鋭い極微視経済学的な推論をもたらすからだ」という表現は，新制度学派についての記述である。それをTCEに置き換え，主語（2002, p.433-4）として使用している。さらに言葉の定義を曖昧なままにしておき，文脈の中でニュアンスを変えて使用したりもする。雰囲気，尊厳の価値，リスク中立性，ガバナンス構造などである。生硬かつ難解語の多用も特徴である。たとえば，技術的に分離可能な接点や差別的結合，離散構造分析など，理解しにくい表現であった。またEIC（1985, p.19）の「取引費用は，物理学的システムにおける摩擦と経済学的に等価である」というのも分かったようで，実は，不明瞭であった。

　明らかに支持できないケースもある。突き詰めた問いをいとも簡単に無視してしまうことである。たとえば，アローの「いったいなぜ血液の市場を創設すると，献血をする利他主義が減じてしまうのか？」という深刻な問いへの受け答えが，それである。「献血と売血」の2つのシステムは，献血者の心の中に自分は気前がよいのか，それとも単なるアホなのかという複数の自己が存在することへと，ウィリアムソンは論点をすり替えてしまった。

第3章 前期オリバー・ウィリアムソンへの疑問

　そんな中で，全てをTCEの薬籠中のものとする主張は，しばしば無用な対立や論争を生起するように思える。具体例では，EIC（1985, p.1）の序文の「資本主義の経済制度（＝企業）は，取引費用の節約効果を主目的としている」を挙げておこう。ウィリアムソンの万事を取引費用の効率化タームで割り切る手法は，ある意味で，新古典派よりも新古典派らしい。

　ウィリアムソンの市場−階層のアプローチは，とどのつまり主流派経済学を部分修正すれば，組織の比較分析が可能になるという考え方である。重要な部分は，新古典派的功利主義と契約説とで成立している。MH（1975）よりも陰影に富むEIC（1985）では，制度的環境や調整については十分とは言えないまでもかなりの進展が見られた。他方で，EIC——すなわち『資本主義の経済制度』というタイトルの著書であるのに，資本主義については何も論じていない。
　ウィリアムソンが考える資本主義はどうなったのか？たとえば，EIC（1985）では「資本主義は，尊厳を過小評価する傾向がある」（p.271），「資本家は非人間主義者であり，TCEは人間性を奪ってはならない」（p.405）という断片的な記述なら散らばっている。いずれも，尊厳から派生した記述だった。だが，その記述にどれだけの意味があったのか。但し，この一時期の間，ウィリアムソンは宗旨替えをした様子がすこしだけうかがえたように思う。
　しかし，彼の市場−階層アプローチは，ニール・ケイ（1993, p.247）が指摘するように，階層も市場交換の言葉で語られる。経済的交換として説明するには，組織はあまりに複雑であり，経済的交換の範囲を超える事柄が多い。
　サイモンは最後の著書（1997a, p.49 − 51）で民間企業と較べ，政府の公共事業（水道，電力，通信）の効率を評価し，それゆえにすべからく市場経済へ移行すべきであるとの考えに対し，民営化への疑問を表明している。楽観的にエコノマイジングだけを論じ，人間は機会主義から逃れられないという邪心の人間観に立つウィリアムソンとの対立は必然であろう。
　筆者は長年，サイモンがいつコースの「企業の本質」を読んだのだろうという疑問を抱き続けてきた。「雇用関係の定式化理論」（1951）を書いた頃は未

読なはずである。そうでなければ，あのような斬新性を意識した書き方にはならない。クリストス・ピテリス（1993, p.10）によれば，コース論文（1937）は長い間採り上げられず，60年代から70年代の初めにかけて，スティーブン・ハイマーやジョン・マクナマスの多国籍企業理論の著者たちから発展したという。

　サイモンがコース論文を読んだ時期については，今も定かでない。

第4章 「消えゆく手」仮説の古典回帰

　まず初めに，企業能力が組織の境界を画するとする能力アプローチのリチャード・ラングロワ（Langlois）の文献（『消えゆく手』）を参照しながら，その主要論点を整理する。その上で，グローバル・エコノミーにおける市場競争についての彼の楽観論に2，3の批判的検討を加えたい。なぜ今，古典理論回帰なのか。古典回帰の妥当性には，かなり疑問がある。

1　垂直統合の生成と解体——ラングロワの論点整理

　オリバー・ウィリアムソンは，「説明の便宜上，はじめに市場があった」と想定したが，アルフレッド・チャンドラー（Chandler 1977）によれば，1790年のアメリカの前工場時代では，家族が基本的な経営の単位だった。広範に存在した家族農場から，家族的事業が独立企業へと進化した。企業は，孤立した個人から発達したものではなかった。
　また，サイモン（1991b）は火星人が地球を望遠鏡で観察し，組織経済が目立つ「星」なのになぜ地球では市場経済と呼ぶのだろう？というアイロニーに富んだ寓話を提示した。その後で「はじめに，ほとんどの生産者は企業の従業員である」とした。そして「特定問題を扱うために，市場取引の使用と権威的関係は，ほぼ中立的均衡状態にある」と続け，組織効率，雇用関係，報酬，組織一体化などの組織の誘因を強調している。
　ティース（Teece 2009）は，上記のサイモン論文を評価して，「問題提起として高い必然性を持つのは，企業の存在理由ではなく『なぜ市場は存在するのか』という問題にほかならない」という。ラングロワ（2003）もまた，ニューエコノミーに於いて，「はじめに市場があった」のではなく，「——最終的に，市場は生成される」と主張している。これらは「最初に市場があった」という

ウィリアムソンへの反論である。

では，昨今の市場はどのような役割を果たしているのか。ラングロワやティースといった能力アプローチの位置付けについて，ジェフリー・ホジソン（Hodgson 1998, p.26 – 27）が簡潔に表現しているので，図表4－1に示しておこう。

図表4－1　能力アプローチの位置づけ（Hodgson 1998, p.27）

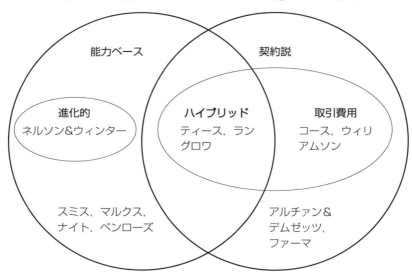

図表4－1のように，ホジソン説に従えば，ラングロワの能力アプローチは，能力ベースと契約説の折衷である。コース＝ウィリアムソンの取引費用論は契約説の部分集合であり，ティースやラングロワの位置づけは取引費用論の1分派でありながら，能力ベースの部分集合でもある。契約説より後発の能力ベースは，取引費用論の非契約的要素（忠誠心，信頼）の無視，組織学習やグループ知識の排除，比較静学アプローチの均衡論的説明への不満などから台頭してきたとホジソンは見ている。能力ベースは資源ベースの企業内部のリソース論やコア・コンピタンス論を踏まえ，市場と組織の相互作用にも焦点を当てた。

ラングロワ（1992）は，ウィリアムソンとは異なる取引費用論の立場から，

第4章 「消えゆく手」仮説の古典回帰

企業も市場もその能力は変化するとした。ジョージ・リチャードソンの説く「知識，経験，スキル」という企業能力が短期的な企業の境界を画するが，長期的には垂直統合型のチャンドラー的企業もやがて分解へと導かれる。その論拠は，アダム・スミス的分業が通奏低音として持続しており，経営者革命の終焉を転換点として，今日の人口・所得の増大や市場のグローバル化が変化をもたらすという。ロナルド・コース（市場から企業へ）とは逆向きに，「企業能力は徐々に市場の隅々まで普及してゆく」とした。時代とともに企業は変化していくが，市場もまた学習し，市場が拡大するにつれ，市場は学習のエンジンによって益々聡明となり，市場は高密度になる。ラングロワ（2007）は歴史的視野から市場の層は分厚くなり，チャンドラー型の大企業は，市場に侵食されて垂直分解・特化の道を辿ると見ている。

ラングロワの「消えゆく手」仮説に用語を加えて示すと，図表4－2となる。

図表4－2 「消えゆく手」仮説（ラングロワ 2007）

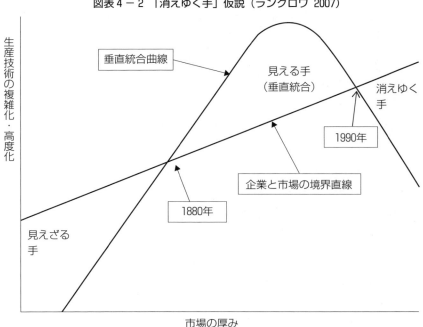

市場の厚みとは「市場での取引量が大きく，取引が成立しやすい市場」である。市場が厚いということは，市場取引の数量がきわめて大きくなった状況を意味している。また，企業と市場の境界直線の下方領域が，市場を通じた取引である。

　垂直統合のうねりが始まる起点が 1880 年となる意味であるが，チャンドラー（1977）によれば，1880 年はアメリカ史上もっとも多いマイル数の鉄道システムが敷設された年である。1870 年から 1914 年にかけては，北大西洋地域内における貿易と資本移動と人口移動は高い水準にあり，さまざまな技術革新を原動力として，各国間の賃金や物価の格差を縮めた。このアメリカ版の「第一次グローバル化」では，新しい技術によって輸送と情報伝達は劇的にスピードアップされ，コストは大幅に削減された。今日のグローバリゼーションとよく似た影響が生じていた。

　そして，1880 年には，アメリカは世界の主導的な産業国になり，かくしてチャンドラーのいう競争的経営者資本主義（1880～1940）の時代となる。1960 年代の欧州と 70 年代から 80 年代にかけての東アジアでは驚異的な高度経済成長が達成され，1980 年代には各国で国内金融市場の自由化が加速化した。

　垂直統合型企業の専門経営者の「見える手」の時代は 1960 年ころをピークに徐々に下降線をたどり，ラングロワ（2007）によれば，80 年代に押し寄せた LBO の波は，60 年代に形成されたコングロマリットを次々に解体させていく。敵対的買収は，アメリカ企業の脱コングロマリット化を意味し，特化への復帰を表す動きとみなされた。プラザ合意（1985 年）によるドル安へ誘導する救済，ブラックマンデー（1987 年）を経て，1989 年，欧州ではベルリンの壁の崩壊とともに，情報通信技術と輸送技術の発達が国境開放を後押しした。1990 年代に入ると，アメリカの自動車メーカーでは，クライスラーが口火を切る形で，プロダクト・デザイン戦略やサプライ・チェーン戦略のモジュール化を手掛け，下請業者への依存度を高めた。1990 年には，チャンドラー的大企業は終焉を告げたとラングロワは記している。「消えゆく手」はコーディネーション技術の変化や人口・所得の増大，市場のグローバル化による市場の

第4章 「消えゆく手」仮説の古典回帰

拡大によってもたらされた。かくして，ニューエコノミーといわれる時代を迎える。

それでは，なぜ「個人資本主義」は，19C後半に「経営者資本主義」に変わり，今再び「市場資本主義」に戻ったのか？垂直統合の生成と解体についてのラングロワの説明を以下に示しておく。

A　垂直統合の生成過程（～1980年代まで：市場が薄い時代）
　1　他の生産段階を同時に変化させるシステミックなイノベーションが必要になると，そのために必要な能力は市場には存在しない。もしくは存在しても高価であれば，垂直統合が形成される。
　2　1以外であれば，垂直統合のメリットはない。そのため，企業の内部能力でイノベーションに対応するか，企業家が企業家的組織を立ち上げる。

B　垂直統合の崩壊過程（1990年代～現在：市場が厚い時代）
　1　他の生産段階に変化を及ぼさない自律的イノベーションに直面すると，垂直統合企業の標準パッケージでは，対処不能に陥る。市場で試行錯誤的な学習を積んだサプライヤーによるモジュール特化市場が創造される。
　2　1以外であれば，生産段階に影響を及ぼすシステミックなイノベーションが必要ならば，必要能力は市場にすでに存在し，しかも安価であり，調達可能である。かくして垂直統合企業の存在意義は消滅する。

市場が厚みを増した時代になると，上記のBの1のように，大企業が急速な自律的イノベーションの変化に遭遇すると，ラングロワ説では大企業の内部能力は全て既定のルーチンとしてパッケージ化されて埋め込まれているので，内部調整はかなり困難を極める。こうした場合，標準仕様の生産能力しか持たない垂直統合企業に対して，モジュール化をベースとした分権的ネットワークでは，新しいアイディアをもつ革新的企業の新規参入が可能となる。新規参入では，過去の技術蓄積などの経路依存的なしがらみが無い分，自律的イノベー

ションでは有利となる。かくして，多くの代替的アプローチが検討される中で，市場での試行錯誤的学習を重ねたモジュール特化企業の能力が，垂直統合企業よりも自律的イノベーションでは優位となる。また，Bの2のように，システミックなイノベーションが必要でも，適時に適切な外部能力は市場に存在し，かつ安価で入手できるので，垂直統合企業は崩壊していくという。

ラングロワは，組織と市場を，前期のウィリアムソン（1975）のように代替としてではなく，相互補完的に捉えた。1980年代までは，システミックなイノベーションをうまく機能させるために，「必要な時に，必要な能力」を企業が所持しない場合は，必要な能力をもつ外部サプライヤーに対して，情報提供，説得，教育などが行われた。こうした動学的取引費用は禁止的に高くなり，その回避のために垂直統合に至った。たとえば，フォードは「移動組立ライン技法」を供給者に教育する取引費用が嵩むために，供給者を垂直統合したと，ラングロワは説明している。1930年代のアメリカは，バーリとミーンズ（Berle = Means）が株式会社経営は株式の所有者ではなく，経営者が司ることを不穏な兆候として気が付いた時代である。その逆に，シュンペーター（1949）は，株式会社の経営に特化した権力こそが，成長のエンジンになると考えていた。

市場の層が分厚くなった今日では，新しい能力は市場ネットワークを通じて，安価に入手可能となった。それ故，複数の部門が集まってできた垂直統合型企業はモジュール特化企業に取って代わられる。1990年代以降の組織では垂直分解・特化が進展し，その移行過程をチャンドラーの「見える手」から「消えゆく手」への変遷として，ラングロワは見据えた。

ラングロワ（2001）は，チャンドラーの『経営者の時代』（1977）から「新しい技術と市場の拡大が経済的調整を生じせしめ，企業家たちは垂直統合型企業を構築し，管理するために経営者を雇った」を引用している。そして，その雇われ経営者たちの「見える手」（経営者資本主義）が市場の「見えざる手」に置き換わったと記した。そして今日，ICT技術の飛躍的進展によって，スミス的分業のプロセスは多くの市場で機能分化とコーディネーション能力を増加させ，チャンドラー的大企業を凌駕しているという。すなわち，高スループット

生産の調整メカニズムであった経営者の「見える手」の役割は，今やゴーストのように半透明となり，消失しつつあるという。チャンドラーの「見える手」は，モジュラー技術により，市場の成長と現代技術に屈したと見る。以上から，分厚い市場に至る説明がなされた。ラングロワは，モジュラー技術という言葉をアダム・スミス的分業の現代的解釈の象徴として，使用しているのではないか。

2 「消えゆく手」仮説についてのいくつかの疑問

なぜ今，古典復古なのか──長期的な歴史分析について

ラングロワは，自らをスミス・マーシャル・シュンペーターの系譜においている。どうして古典理論へ回帰するのかが，第1の疑問である。ラングロワ（1992）は，アダム.スミスを全ての源流とする見方に立ち，歴史的変遷を論じる際に，ポスト・マーシャリアン的立場から議論を始める。今なぜ，古典派なのかについては，長期を論じるためとだけ記すに留まっている。マーシャルの長期とは，設備投資や組織編成，労働者の技能習得や知識獲得に必要な時間を保証する期間のことだった。

ラングロワはチャンドラーの延長上で，組織変化の解明に知的枠組を与える意図から「見えざる手」の時代，経営者革命の「見える手」の時代，そしてモジュール化による「消えゆく手」の時代と大掴みに3区分している。21世紀企業が直面している環境の変化は，ICTの発展，グローバル化，モジュール化などが主導していると考えてよいだろう。しかし摩訶不思議なことに，ラングロアは分厚さを増す市場を強調するだけで，それに適応するための企業能力の再配置や急速な環境変化に対処する企業能力については，能力アプローチ論者なのに何も語らない。何故であろうか。

ラングロワの構想（1992, p.99）は「マーシャル的な組織の古典理論を現代的枠組に蘇生させること」であった。考え方の基本は，19世紀的な市場調整への回帰にある。そのマーシャル（Marshall 1961）の経済進歩のビジョンもま

た，スミス的なものが基本であるとラングロワは見る。

　すなわち，アダム・スミス的分業は「見えざる手」の時代から営々と続いており，「見える手」の垂直統合の時代には長い眠りにつくが，「消えゆく手」の時代では，スミス的分業が垂直解体を加速させているという。

　こうした文脈の中で，マーシャル理論が復活する。曰く，古典派は長期の問題に関心を持ち，長期的展望に立つと組織や知識の進化が問題となる。長期への移行には，組織や知識のスミス的な漸進的特化（1920）が必須であり，マーシャルの学習組織論は，現実的な時間をベースとした長期に関する概念を明確にするという。つまり，分業の進行は「堪能熟練の増進」に至らしめる。それは，人間の自分の生産物を他の必要な物と交換しようという本性がもたらす，ゆるやかで漸進的ではあるが，必然的な帰結であった。

　また，マーシャルでは，「知識」や「情報」は，組織が残し伝えるものだった。ラングロワ（1992, p.101 - 102）にとっての長期とは，既述の通り「十分な学習が体得できる期間」である。その学習は，ある産業では1週間で体得され，別の産業では1世紀も費やすと言う。取引費用は，長期では重要ではない。取引費用は短期では重要であるが，長期的には学習によって時とともに減少し，やがてはゼロになるという。

　ラングロワは長期を扱う古典理論の復権を唱え，組織の古典理論の現代的解釈では，時間経過の中で企業も市場も学習し，その能力は変化していく。しかし企業の能力は長期に於いて，動学的取引費用の低下から垂直分解に導かれる。長期的には企業から市場へと，能力はあまねく伝播されていく。重要なことは，企業の能力とは主に情報や知識のことであり，情報や知識は企業から市場（別の企業）へ浸透していく。そして最終的に，分厚い市場が生成されることになる。ラングロワにとっての「分厚い市場」とは，集まったルーチンが組織化されたものである。それは同種の小企業が特定の地域空間に集積し，しかも相互連関して大規模生産をもたらす地域環境に共通するマーシャルの「外部経済」にほかならない。

　以上のラングロワの論調によれば，現代のグローバル・エコノミーでの分厚

第4章 「消えゆく手」仮説の古典回帰

い市場はアダム・スミス的分業の連続と捉えられ，歴史的必然であった。急速な試行錯誤的学習能力をもつ市場の成果が，企業を上回ることになる。その結果，企業の特化と分解が促され，市場経済はいよいよ進展する。

オリバー・ウィリアムソンの資産の特殊性に近い立場で，長期契約説のナオミ・ラモロウ，ダニエル・ラフとピーター・テミン（Lamoreaux, Raff, Temin）らは，ラングロワは垂直分解を歴史の終わりと見ており，ホイッグ史観だと論難している。なぜなら，スミス的分業として「見えざる手」の時代と「消えゆく手」の時代を結びつけ，現在の垂直分解を起こるべくして起こったと捉えるからである。ラングロワの考え方は，ハーバート・バターフィールド（Butterfield 1931）が批判しているような「あまりにも直接的に，現代を過去の中に求めること」につながる。即ち，現在の分厚い市場を肯定する視点から，歴史を通史的に読み替えてしまう。また，市場経済が活発な現段階を歴史的必然と捉え，経営者資本主義は必ず終焉するという歴史的論証と考えるなら，歴史法則主義ともいえる。

アダム・スミス（1920）の時代は，スコットランドのハイランドのような人里離れた小さな村の市場では，農業者は自らの生活のために，肉屋・パン屋・酒屋も兼務していた。他方で，水上輸送により，陸上だけで提供されるよりも遥かに広範な市場が，あらゆる産業に解き放された時代でもあった。しかし，グローバリゼーションが分業をどこまで広げ，スミスが「富かさの進歩」と呼んだものがどこまで加速化されるかなど，今日の狂騒に満ちた状況はとても想像できなかったはずである。

ラングロワの言い分では，スミスもラングロワも法則としてではなく，たまたま永続するトレンドについて説明しているのだという。だが，ラングロワについては，スミスの「分業は市場規模に制限される」を理論命題としたトレンドの説明にはなっていない。サイモンの準分解可能性をご都合主義的に拝借して，モジュール化の永続性と「見えざる手」の時代の接続について，歴史法則主義的に語ったというべきであろう。やはり歴史は個性記述的なものであり，法則定立的に扱うのは誤りである。

内容を欠く企業家精神——カリスマ的リーダーシップ論

　古典派復権論者としてのラングロワ（2009）は，「企業とは何か」の基本問題については，「かなりの難問であり，あえて避けて通るのが賢明な選択」だという。この言明はコース的企業に向けられたものだと解される。その上で，技術変化やリーダーシップを重視する立場から，前期シュンペーター（『経済発展の理論』）に立ち戻り，M.ウェーバーのカリスマ支配に注目し，シュンペーターの企業家精神とウェーバーのカリスマ的リーダーシップの概念を結び付けている。興味深い試みだが，企業家精神の内容を何も問うていないのが，2つ目の疑問である。以下に，概観しておこう。

　すなわち，企業家精神が経済成長の源泉たりうるのは，それがウェーバーの「カリスマによる革命性のためだ」と，ラングロワはいう。シュンペーターも企業家精神を，絶えず内部から革命化し続けていくような内生的変化を担う役割として位置付けている。ラングロワは，ウェーバーの「カリスマ的支配は伝統的支配を破壊する」と言うことに，前期シュンペーターの「新結合の遂行者としての軍事指導者のような個人企業家」を重ね合わせる。

　確かに，属人的なカリスマ支配は，新市場を生み出す資本主義の本質的要素である。実際，ウェーバーも「官庁による経済への影響は狭い範囲」だと考え，「ひとたび実現されると，事実上，不滅な官僚制」による経済的停滞を指摘していた。

　また，ラングロワ（2007）は，バーナード（Barnard 1938）のリーダーシップ論から，協働システムへの信念を植えつける経営者の職能や「説得の方法」によって態度を改変させる方法を抜粋して，「チャンドラー的経営者ですら，何らかのカリスマ的要素を保持せねばならない」と説く。しかし，ラングロワが期待する創造的破壊力をもたらすカリスマと協働への凝集力を説くバーナードのリーダーシップ論は，むしろ対極にある。

　また，ウェーバーにとって，官僚制は合理的に設計された資本主義企業にはやはり不可欠な組織形態だった。漸進的な合理化がルーチンを改革する合法的支配を，ウェーバーは評価した。カリスマ支配は「後継者問題や日常的安定か

ら，やがて官僚制に道を譲る」（1947，訳書（下）426頁，430頁）ことになる。後期シュンペーター（『資本主義・社会主義・民主主義』）もまた，軍事指導者的な個人企業家は重要性を失い，経営者資本主義に置換されると記した。一般に，前期と後期の「個人企業家の重要性」の大きな落差は，シュンペーター的矛盾（あるいは資本主義の進展による変節）と言われるが，ラングロワはシュンペーターの前期と後期は一貫していると見る。後期については，個人企業家のアントレプレナーシップの制度化に向けた移行として読み込んでいる。

　だが，垂直分解の時代になると，再び官僚制からカリスマ支配へ回帰するとラングロワは主張する。風雲児という「一人の芭蕉」待望論であり，前期シュンペーターの「個人資本主義」への先祖帰りである。ラングロワが本当に主張したかったことは，アップルのスティーブ・ジョブズ的モデルであった。そしてiPhoneのような革新的製品開発がイメージされている。つまり，一連のカリスマ論議の背景には，隠伏的にだが，大企業では持続的革新の維持や新規市場を開拓するには自ずと限界がある。破壊的イノベーションを生み出すには，ベンチャービジネスが必須になるという議論が繋がっている。だが，企業家精神の具体的内容について，ラングロワは本文では何も語らない。

　なお，シュンペーターは，企業家機能をマネジメントと同一視したマーシャルの定義を評価している。その上で，マーシャルのマネジメントの定義がルーチン的管理を主体とすることに異議を唱えた。つまり，マーシャルは，組織の中での叩き上げの技術や販売に長けた人物に企業家像を見た。他方，シュンペーターは，企業家をルーチン的活動から切り離し，その特殊能力に主眼をおいた。つまり，新生産，市場開拓，新供給源，新組織の新結合の遂行に企業家の本質を見出した。マーシャルの企業家像は経営者資本主義的であり，シュンペーターは個人資本主義的であったことは付記するべきであろう。

企業の市場化

　『消えゆく手』刊行後に，ラングロワ（2009）は「『市場と組織』という区分を，現実の世界に無理やり当てはめようとしているのかもしれない」，「市場と

組織といった区分は，現実の世界に理論家が押し付けているものであって，現実の世界が理論家に与えてくれたものではない」と綴っている。そして，アルチァンとデムゼッツ（Alchian & Demsetz 1972）の企業の本質をチーム生産に見出し，雇用関係での権威を否定して，商品取引と同等のものとした論文に左袒する。すなわち，「あの資料をファイルする代わりに，この手紙をタイプしてくれ」という雇用契約での権限関係を，たとえば「書類をタイプすること，書類の整理に加えて，電話応対をしなければならないが，コーヒーを入れる必要はない」といった形で契約に職務内容が事細かに明記されたとすると，なにも雇用契約でなくてもよい。秘書が時間単位で報酬を得る代わりに，企業家も命令する権利が有効であれば，状況に柔軟性がもたらされる。だとすれば，組織とは「雇用契約と監督にあり」とするロナルド・コース（Coase 1937）も真っ向から反論するとは思えないと記している。

職務内容の詳細な記述がなされた契約であれば，「買い手が特定のサービスを入手し，売り手は成果報酬を得る」という販売契約であっても，企業家も秘書にも実質的な違いは生じないとの理解だろう。つまり，契約の条件は作業の一瞬ごとに「暗黙」に交渉され，合意されるわけである。だが，ラングロワ（1989）は，かつて，アルチァンとデムゼッツ論文について，「雇用主は文字通りに，契約の継続的な（＝純粋且つ馬鹿丁寧な）再交渉を行ってはいない。雇用契約も売買契約も，ともに自発的な契約には違いないが，全く異なる種類の契約」だと記していた。転向ともいえ，実は『消えゆく手』にも，その傾向が散見される。これが，第3の疑問である。

ラングロワは，能力アプローチから企業の境界の考察を行ってきたが，長期的には組織と市場の境界は，柔軟性が比較衡量されて決定されるという。グローバル化の水平的分業の中で，彼の中では「モジュール化の海の非モジュール化の島」である企業は，垂直分解された小島である（2002, p.34）。また，スミス的分業のスキルの増大は特化企業の増加に至る。そして，特化企業が生産するモジュールの新結合は階層ではなく，市場により調整される。かくして「非モジュール化の島」たる企業の重要性は低下し，むしろ市場との協調・共

創の中で，企業の境界は見かけ上，消滅してしまったかのごとくになる。ラングロワ（2007）は，企業と市場を明確に区分するというコースの画期的業績を，周到さを欠いた二文法の遺産だと記している。

　ラングロワは，市場が厚みを増していくにつれ，あらゆる欲しいものは市場購入でき，市場から入手できないものは何一つ存在しないと見ている。こうした観察は半面の真理だが，いわゆる中間組織と呼ばれる「長期的な継続取引」や「共同開発」といった企業間関係は，商品交換の一形態ではあるが，市場を通じての交換ではない。分権的ネットワークに埋め込まれた特化企業では，持続的な企業間関係は増加しよう。

　厚い市場を歴史的到達点と捉える進歩史観は，ラングロワの過去の論調を知るものとしては解せない。おそらくラングロワ（1995a）が「取引費用経済学の大半は，組織と市場の違いは意味論にすぎないという結論に達した」と記したころから，宗旨替えをしたのではないか？ホジソン（2015）は，ラングロワの「企業は計画を立てるのか？」（1995b）という論文と引照して，ラングロワは企業のもつ特色をなし崩し的になくそうとしていると指摘している。

　ここでの疑問の底流にあるのは，『消えゆく手』ではカリスマ待望論だけを唱え，現存する企業経営者たちの先行投資を無視していることである。経営者の新規ビジネスの立ち上げによる新しい市場創造について，同じ能力アプローチのティース（2009）はオープンエコノミーで競争を展開していく上で，新しいタイプの経営者と組織が求められていると主張し，イーベイ（eBay）などを事例として，経営者はきわめて企業家的でなければならないという。なるほど，企業家の独創的なアイディアや技術の目利きは，新しいタイプの経営者に求められるものであり，市場学習からは導き出せない。しかし，ラングロワは，経営者の体制内改革を無視している。

3　モジュール化の罠

「消えゆく手」仮説とは別な観点からの疑問は，モジュール化への過度な楽観論である。主に，ITとエレクロニクス分野――たとえばパソコン産業や半導体産業などの頻繁にイノベーションが行われる分野に限定して，標準化の長所だけが称揚される点である。ハイテク産業のイノベーションと商業化の中で，オープン・モジュール化の進展は，水平的分業への新規参入や生産者間調整を可能にした。

藤本隆宏（2016）は「どんなにハイテクであろうとも，ハイテク部品やハイテク装置の寄せ集めなら，それは製品や工程がモジュラー型アーキテクチャの製品であり，分業型もの造りですむ」という。パナソニックも，シャープも，ソニーも，モジュール化によって苦戦がしいられたのは事実である。

「擦り合わせ」技術は，複雑な作りこみをするためにガラパゴス化しやすいが，やはり，ラングロワはグローバル市場でのオープン・モジュール化を一面的にしか捉えていないように思われる。オープン・モジュールになると，機能や接続方式の標準が業界に公開され，だれでも参入が容易となる。藤本隆宏（2016, p.110）の整理を次頁の図表4－3に示しておく。擦り合わせ（インテグラル）やオープン・モジュールの例では，図表4－3の左上のセルが擦り合わせ製品で，モジュール性はない。右下のセルは汎用モジュールであり，オープン・モジュールである。残りの2つのセルは中間的性質を持っている。

たとえば，インテルは中間的な性質の中インテグラル・外モジュラーであり，擦り合わせ型の半導体であるMPUを開発・生産し，典型的なオープン・モジュール産業のパソコンメーカーのコアをなす汎用部品として拡販されている。つまり，MPUは多様なデバイスや無線ケーブルと簡単につながるが，小さく高性能なMPUはインテグラルである。モジュール内部は模倣されないが，接続方式がオープンになっている。インテルのMPUは事実上の標準であり，最早独占である。

図表4-3　中（機能），外（接続）のアーキテクチャ4類型（2016, p.110）

	顧客：インテグラル	顧客：モジュラー
自社： インテグラル	中インテグラル，外インテグラル 日本の自動車，2輪部品， 日本の用高機能樹脂，日本のASIC半導体，コピー，プリンター消耗品	中インテグラル，外モジュラー インテルCPU，シマノ（ギア） 信越科学（半導体シリコン） 村田製作所（コンデンサー） カイハラ（ジーンズ生地）
自社： モジュラー	中モジュラー，外インテグラル デル（カスタマイズPC）デンソー（電子部品），キーエンス（ソリューション）	中モジュラー，外モジュラー 汎用樹脂， 汎用グレード鋼，汎用液晶， DRAM

これに対して，中モジュラー・外インテグラルは，藤本（2004）によれば，顧客の製品が擦り合わせ製品の場合であり，顧客に合わせて外インテグラルでいくしかない場合である。たとえば，デンソーのコモンレールといわれるディーゼルエンジンの高圧噴射装置は，取引先各社のエンジン噴射パターンに合わせる必要のある擦り合わせ部品だが，その内部はどの会社向けの製品もほとんど共通で，中モジュラーが上手な会社と言われている。藤本（2016, p.113, p.115）によれば，デンソーの売上げの約半分を占めるトヨタ自動車に対しては，あくまでも外インテグラルでトヨタ車の中インテグラル設計に付き合っていく必要がある。

他方で，第二集団を形成する欧州や新興国の自動車メーカーに対しては，インテル型の「中インテグラル・外モジュラー」に近いビジネスも成立するという。ラングロワは，内部技術（中インテグラル，外モジュラー）の独占やカスタム・モジュール（中モジュラー，外インテグラル）による競争的支配を楽観しすぎている。

また，セイブルとザイトリン（Sabel & Zeitlin 2004, p.8）は，ニューエコノミーの中心的テーマについて，ラングロワは核心を捉えていないと指摘する。第1に，絶え間ないイノベーティヴな状況では，現在，成功を収めている製品設計でも短命に終わる脆弱性を秘めていること。第2に，イノベーティヴな渦

流での新しいアーキテクチャへのアプローチは，企業間の共同設計や共同開発の方が信頼に足る技法や規律が提供できることである。ゼイブルとザイトリンは，ラングロワはモジュール化の限界としての上記2点に気付いているが，論点をずらしていると批判する。大略は以下である。

　第1は，ラングロワはモジュール化を「あらゆる分散化の秘めたる源泉」と捉え，技術的経験のミニマイズに焦点を当てる。更に，企業における「情報の分解，柔軟性，リスクの分散」などのあらゆる調整は，モジュール化と市場メカニズムによって置換されると考えた。これらについて，セイブルとザイトリンは，モジュール化に執着すると定型的となる。どのようなモジュール化でも，システム全体を大きく変える時期は到来する。たとえば，クレイトン・クリステンセン（Christensen）の破壊的イノベーションに遭遇する。その場合，外部調達に依存する特化企業よりも，垂直統合型企業が優位になると批判している。

　第2は，ラングロワは，「モジュール化の罠」や「イノベーションのジレンマ」について理解していると言いつつ，自動車産業の企業間協調は脱カプセル化から生じたのではないと主張している。メーカーはサプライヤーへ仕様書を与え，部品設計を将励しているとした。しかし，セイブルとザイトリンは，ヘンリー・チェスブロウ（Chesbrough 2004）を引用して，標準化した製品開発のデメリットとして，新しい設計思想や技術進化についての知識劣化を懸念する。そして，既成のモデルに準拠した新製品のインターフェイスへのサプライヤーの貢献を，ラングロワは無視しているという。共同設計・開発の協調的基準は日本的生産方式の名のもとに，ニューエコノミーにも馴染んだはずである。どうして主要なテーマを無視するのかと苦言を呈した。

　ラングロワのポストチャンドラー経営の根幹にあるのは，モジュール化による標準化技法への信仰である。モジュール化により，生産管理は分散化され，コモディティ化と製品のライフサイクルの短縮化をめぐる競争は，いよいよ激化する。企業固有な技術は，消去されてしまうかもしれない。

　また，破壊的イノベーションを起こした企業は，寡占または準独占的地位を

占める。現段階では，インテルやアップルがその代表例である。また，オープン・モジュール化によって，アウトソーシングが促進され，新興国の経済成長は促進されるかもしれない。しかし，その裏面もある。

　たとえば，アメリカ国内に繰り返された一時解雇と賃金低下の悪循環など，単純な自由競争モデルではとても説明できない。

　際限のない苛烈な競争は，やはり社会全体の繁栄にはなりえない。企業にとっても消費者にとっても利益にならないことを認識すべきであろう。

　ラングロワはオープン・モジュールによるグローバル経済を美化しすぎている。

第5章　後期オリバー・ウィリアムソンの路線変更

　オリバー・ウィリアムソン（O. E. Williamson）の思考の軌跡には，重要な路線変更がある。前期の主著（『市場と企業組織』（以下，MHと略））では，市場 − 階層アプローチによって，3章で述べたように，階層は偽りの階層であったにしても，市場制度と非市場制度の区別は保持され，比較分析がなされた。1990年代に入ると，「階層は，別の手段による市場関係の延長である」（『ガバナンスの機構』（以下，GMと略））へ変わった。1990年以降のウィリアムソンを，ここでは後期と呼ぶことにする。

　この章では，最初に，市場 − 階層アプローチは，なぜ，路線変更がなされたのか，またなぜそうせねばならなかったのかについて検討する。ついで，取引費用経済学の総合を目指した，ウィリアムソン考案の3層図式について概観する。その上で，2000年代以降のウィリアムソンが，急速なイノベーションや組織学習といった戦略経営の動的側面について，語るべき内容を持たなくなり，失速していった方法論上の限界について，検討しておく。

1　市場 − 階層アプローチは，なぜ，路線変更がなされたのか

　ロナルド・コース（Coase 1937）によって始まり，ウィリアムソンによって発展した市場 − 階層アプローチでは，「最初に市場が存在していた」と想定することにより，企業の出現が導かれる論理構成であった。ウィリアムソンの主著（MH）では，人間の諸要因（限定合理性と機会主義）と環境の諸要因（不確実性と少数性）の結びつき方次第で「情報の偏在」に至ると，市場と階層の相互転換の枠組みが提示され，階層の形態変化について独創的な叙述がなされた。ウィリアムソンの内部組織という言葉は，ピアグループを原初形態として，単

純階層，垂直統合，M型組織，コングロマリットにまで広がり，自在を極める。この章では，階層という言葉を内部組織と同義語として使用する。

ウィリアムソン（MH）は，コースと同様に，「説明の便宜上，はじめに市場があった」という前提をおいている。また，組織の失敗とは，「市場にも非市場的組織にも適用できるように，意図して設けられたシンメトリックな用語」だという。市場も階層も，ともに組織であるとの含意からであろうが，主として，市場の失敗のための提案として理解してよい。図表5－1に示そう。

しかし，組織の失敗の枠組みは，ハイブリッド様式を射程に入れると，成立しなくなる。それは，市場－階層アプローチの致命的な欠陥となった。議論の順番として，はじめに市場があったという特異な前提をおいた問題構成に沿って，時間軸で，組織の失敗の枠組みが不成立になるプロセスを辿り，論点整理を行おう。

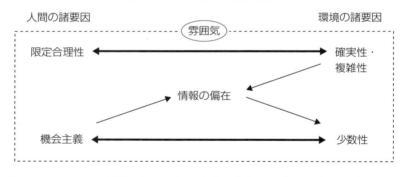

図表5－1　組織の失敗の枠組み

第1に，はじめに市場があったという基本前提は，他には何も存在しない市場だけの状態を想定している。第2に，市場取引に失敗すれば，情報の偏在に至り，市場に変わって階層が出現する。そして，取引費用概念によって，多様なガバナンス様式の選択が説明された。第3に，悩ましいことに，ハイブリッド様式は，市場と階層の2つの性質を併せ持つ中間形態であった。したがって，第1の基本前提の市場モデルから，階層を導き出す組織の失敗の枠組みの論理では，ハイブリッド様式の出現や本質的な特徴が，説明できない。以上が，市

第5章　後期オリバー・ウィリアムソンの路線変更

場－階層アプローチが破綻した概略である。

　行間を補足しつつ，議論を詳細化してゆきたい。先ず，第1は「本来であれば，経済システムは，階層なしに市場だけで営まれるはずである」というメタ前提をおいたことである。コースの引用によれば，「無意識の共同作業の大海」である市場が，予めすべてを市場一色に覆い尽くしている状態である。もちろん，フレデリック・フーリー（Fourie 1993）が指摘するように，あらゆる生産は企業でなされる。市場自体は何も生産しないので，市場は，個々の自営生産者の労働を調整する仕方として，暗黙に想定されていた。はじめに市場があったという基本前提は，コース的な雇用契約によって組織された資本主義企業が，いかにして出現するかという問題設定のためだと理解するのが，妥当だろう。

　第2は，コースが「企業の特質は，価格メカニズムにとって代わることである」と指摘した企業生成の精緻化である。即ち，人間の諸要因と環境の諸要因の結びつき方次第によって，比較費用の差額損失によって「情報の偏在」に至ると，市場の失敗となる。市場にとって代わり，出現した階層は，取引費用概念により，ピアグループを原初形態として，単純階層，複合階層，コングロマリット，多国籍企業など，ガバナンス様式は多種多様に変化する。つまり，取引費用の相対効率により，ガバナンス様式が選択される。もちろん，市場取引に失敗しない限り，市場モデルのメタ前提には変化は生じない。ここで注目しておきたいのは，大海の中での「意識的な力という島」として点在した浮島のような企業が，島が隆起し，かつて海だったところが陸地となり，大海である市場と2分するほどの領域を占めることになったことである。

　第3に至り，長期的取引を取り扱うハイブリッド様式が出現する。ハイブリッド様式とは，系列，下請，戦略的提携，供給者ネットワークなどである。これらの取引は，市場を通じない取引であることから組織的であると同時に，商品交換であることから市場的でもある。企業間の非市場的な契約関係である。たとえば，総合商社の企業間関係は，組織間の資源と情報の交換を目的として構築されるが，市場の調整や階層の調整と較べ，互いに自律し，しかも異なる

目的を持ちながら，相互依存した関係として捉えられる。また，下請の場合では，支配的企業が，下請企業のネットワークをある程度まで管理下に置くが，所有権の法的移転を伴う商品交換の1形態でもある。

　この事実に至り，市場−階層のアプローチは破綻する。ウィリアムソン（1985,『資本主義の経済制度』（以下，EICと略））では，「2つの様式を持つ中間取引は，組織化がむつかしく，不安定であるというのが当初の見解だった。しかし，中範囲の取引がより一般的になった現在では，（その事実によって）説得された」と記された。そして，1990年代前後には，市場と階層という2分法は事実上，放棄されて，図表5−2（GM）のように，市場，階層，ハイブリッドの関係性に焦点が当てられる。それと引き換えに，取引費用の増加によって組織の失敗が現出した時に，「情報の偏在」という境界を軸として，市場から階層（あるいは階層から市場）への代替置換が生じるというロジックは，もはや成立しない。かくして，調整手段の異なる市場と階層は，同一地平に並置され，それらの中間形態としてのハイブリッドの議論も可能となった。それと同時に，市場と階層の構造上の比較分析は，不問となった。

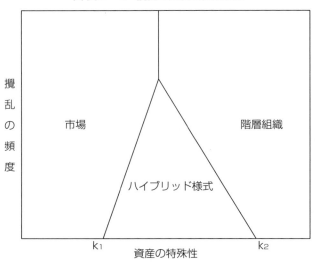

図表5−2　攪乱の頻度と組織形態

図表5－2のY軸の攪乱の頻度とは，不確実性と読み替えてよいだろう。不確実性が極端に高くなければ，X軸の資産の特殊性が低ければ，市場のガバナンスが適し，X軸の資産の特殊性がk_1の中程度になるとハイブリッドに移行し，k_2を超えて資産の特殊性が高くなれば，階層が適するという見方が示される。ハイブリッドというのは，市場的調整（誘因による調整）と階層的調整（管理による調整）の中間機能を有するという意味からの命名であろう。いずれにせよ，ウィリアムソンは，長期契約関係に取引の安定性を見出した。長期契約関係は，少なくとも法的実体として別個の企業Aと企業Bの2者間の企業間関係であり，単一の企業でもなければ，市場での匿名的な短期取引でもない。契約面でも，市場－階層の中間的性格である。

　企業間取引は，長期契約によって，双方でさまざまな取り決めを結びあうことによって，公開市場の苛烈な競争から自らを保護する緩衝地帯を形成している。取引先への忠誠という持続的な紐帯で結ばれた，財ないし資源の私的交換は，我が国では，よく見られる商慣習である。契約の取り決めでは明記されなかった付加された横の絆は，取引関係の中で育まれた信頼や親密感のような非契約的要素によって，維持されている。

　ウィリアムソン（GM）は，この経緯について，「取引費用経済学は，中間的な，ハイブリッド形態を無視するために，市場と階層を対極の形態として扱った」という理由で，批判に晒されてきたと記している。実際，1970年代のウィリアムソンは，不確実性の増大により，合意形成に手間がかかるハイブリッド様式は，やがて廃れるとの見解であった。ウィリアムソンは，機会主義に拘泥するあまり，悲観的に過ぎた。

　サイモン（Simon 1991b）も，火星人が遥か地球を眺望し，市場取引は赤い線で結ばれ，企業内部や企業間取引は青白い線で結ばれている寓話を提出した。ウィリアムソンもまた，より高次な制度的環境をメタ前提として，市場そのものが，ガバナンス構造の1部として包摂されていると，認識せねばならなくなる。

　すなわち，「階層は，別の手段による市場関係の延長」として捉え，ウィリ

アムソンの指向する組織の科学（GM）では，統一的な方法によって，市場，ハイブリッド，階層，官僚制等は，全く同じ取引を組織化する横並びの代替的なガバナンス構造として取扱われる。そして，サイモンが指向した管理の科学は，企業組織だけに専念しているとして，市場包括的な経済学的接近を欠くと，ウィリアムソンは指摘した。実は，ここが問題含みとなる。もし，階層が手段の異なる市場の延長であるなら，階層の意味づけは，具体的にはどのようなものかという，まさに管理の問題となる。この点は，企業文化や戦略経営との関連から，後期ウィリアムソンの問題点として，この章の後半で検討したい。

2 取引費用経済学の新しい展開

ウィリアムソンの3層図式

　新制度経済学には，ゲームのルールの次元に着目したマクロ分析的な制度的環境からのアプローチがある。他方で，取引を分析単位としたミクロ分析的なガバナンス構造からのアプローチもあり，両者は分裂して進展してきた。前者の代表がダグラス・ノース（North）であり，ウィリアムソンは後者の代表だった。

　既述のように，市場−階層アプローチの2分法を捨てたウィリアムソンは，ガバナンス構造（市場，ハイブリッド，階層）を中心命題として，制度的環境（憲法，法，所有権，慣習，伝統，行動規範など）と接続した3層の図式を提案している。次頁の図表5−3に示し，3層図式のおおよそを見ておこう。

　制度的環境は，最上位のマクロレベルに位置づけられ，憲法，法，所有権，慣習，伝統，行動規範などが配置される。これらの変化がガバナンス構造に影響を及ぼす。こうした場合，通常，ガバナンス構造の再配置が促される。

　個人の行動仮説は，最下層に位置づけられ，ミクロレベルの鍵概念は，限定合理性（人間的属性）と機会主義（行動的属性）である。ウィリアムソンによれば，機会主義は好ましくない行動的前提ゆえに，一般受けが悪い。それに対して，自利追及の善意の解釈としてサイモンの「動機と理性の脆弱性」を採り上

第5章　後期オリバー・ウィリアムソンの路線変更

げ，温和な表現だが，経済学の伝統では，善意に取り扱うと概して害があるという。取引している相手が，機会主義者であるのが察知された以上，機会主義には機会主義で応酬するように，マキャベリが王子に忠告した挿話が引用されている。自らを拘束する理由がなければ，契約を破棄しても罪にはならない心得を説くくだりだった。しかし，ウィリアムソンもまた，この種の機会主義的対応は契約を近視眼的に見た短絡であり，機会主義を緩和する事前のセーフガードを設け，将来を勘定に入れた契約を心掛けることによって，信頼を取り戻すことができると述べる。

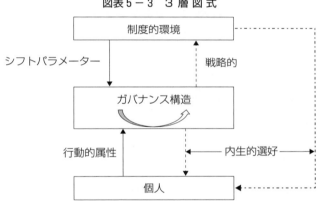

図表5－3　3層図式

　ガバナンス構造は，3層図式のメゾレベルであり，市場，ハイブリッド，階層などが，同一地平に配置されている。ウィリアムソンの離散構造分析のエッセンスは，全てこの層にある。離散構造分析という言葉は，もともとは，販売契約よりも雇用契約を好む人間が，価格や数量，利潤といった精緻な数理的説明よりも，より質的な制度分析を好むことを指して，サイモン（1978）が使用した用語だった。それを，ウィリアムソンは，かなりの変奏を加え，使用している。

　そこでは，市場と階層の相互代替・転化という2分法は取り払われ，市場，ハイブリッド，階層は横並びである。ガバナンス構造内の弧を描く矢印（GM）

は，「組織にはそれ自体の人生がある」という命題であり，しばしば暗黙知の形で便益をもたらすという。

ウィリアムソンによれば，ガバナンスのプロセスでもっとも重要なものは，根本的変容と選択的介入の不可能性である。

根本的変容とは，多数の市場での売買参加者の競争から，特殊な資産が必要になると，競争者は淘汰され，少数者間の取引に置き換わるという議論である。

また，選択的介入の不可能性とは，どうして階層は，小企業の集合と同じこと，もしくはそれ以上のことがなしえないのかという問いから生じる。階層が市場を模倣するだけなら，市場に劣るはずがない。そう仮定すれば，階層が期待利益を見込める時にだけ選択的介入をして，それ以外は，市場を模倣すれば，階層はいつも市場を凌駕するはずである。だが，実際はそうならない。何故か？

その理由（EIC）は，市場のコスト削減競争にある。高度に統合された階層は，必然的に弱い誘因となる。また，選択的介入をすると，権威の承認を取り付ける必要があり，官僚制のコストが生じる。官僚制のコストは，「複雑性を管理し，ミスを許容し，互酬のような助け合いを促進する」ことから生じる。それは，善意から生じた予期しない管理コスト，ミスを容認する不利益，互酬が変型したもたれ合いのコストなどから構成される。かくして，階層は誘因劣化から市場を模倣できないし，逆に，階層での指揮・監督は市場には存在しないため，市場もまた階層を模倣できない。

根本的変容は，資産の特殊性がもたらす市場での再契約する際のリスクであり，選択的介入の不可能性は，階層がいつも市場に打ち勝つとは言えない官僚制のコストという，いわば企業規模による収穫逓減である。

ウィリアムソン（GM）によれば，ガバナンス構造から制度的環境への上方のフィードバックには２種類がある。たとえば現行法と契約実務に齟齬をきたせば，制度的環境への道具的フィードバックを用いれば，契約法の改善が見込まれる。また，機会主義的な保護貿易による輸入障壁の設定などは，戦略的フィードバックとして論じられている。

第5章　後期オリバー・ウィリアムソンの路線変更

後期ウィリアムソンの諸問題

　ここでは，上で概観したことに関連して，路線変更をした1990年以降の後期ウィリアムソンの問題点を次の3点に絞って，論じたい。

(1)　マクロ分析的な制度的環境とミクロ分析的なガバナンス構造の分裂

　新制度経済学では，2つの側面の研究課題（制度的環境とガバナンス構造）が，分裂して展開されてきた。この両者の分裂は克服できるかという総合化について，ウィリアムソン（GM, p.93）は問題提起を行っている。しかし，結論的には，制度的環境については外的要因として扱い，新制度派総合は見送られた。

　ウィリアムソンの場合，制度という言葉は，しばしば組織と代替可能なものとして混同して用いられている。1990年以降の彼の基本概念では，制度とは制度的環境であり，組織はガバナンス構造であった。どうして，このような混同が生じたのか。この点を糸口にして，彼の意識変化を辿ろう。

　クリストス・ピテリス（Pitelis 1993）は，『資本主義の経済制度』（EIC）では，資本主義にも，制度にも，どちらの定義にもウィリアムソンは失敗していると指摘している。確かに，3層図式のメゾレベルのガバナンス構造については，「ガバナンス構造」の呼称の他に，折々に「ガバナンスの制度」や「ガバナンスのメカニズム」が用いられ，文脈に依存して変化している。新制度派組織論の社会理論家たちのような「制度とは何か」という切詰めた問いは，ウィリアムソンにはない。彼自身（GM）も，「正しい議論は，制度的環境は重要であり，取引費用経済学は，ガバナンスに専念したあまり，制度的環境を軽視してきたという議論もある」と記している。

　先ず，前期の市場－階層アプローチ時代のウィリアムソンから，順を追って見てゆこう。彼はM型組織革新を強調するが，M型組織の普及の説明に，「自然選択」の概念に訴えたものがある。「自然選択」を引き合いにだすなら，自然選択は実際に存在する形態の中から選択されなければならない。もしU型組織の凋落が，情報の集中という規模の拡大による不経済が原因なら，規模の限界により滅びるのであり，競争に成功するのは，組織革新を行ったM型企業で

101

はなく，より小規模な特化企業でなければならない。ウィリアムソンは，M型組織革新が，何故選択されるのかの進化論的な説明を怠っている。

だが，上記のような環境からの選択や組織の環境適応を思案するうちに，ウィリアムソンは，デイビスとノースの論文に逢着する。デイビスとノース（Davis & North, 1971）の制度的環境と制度的取り決めの相互作用では，制度的環境が制度的取り決めに制約を与え，逆に，新たな制度的取り決めが現れ，制度的取り決めに動因が生じれば，制度的環境にも変化がもたらされるというものだった。

ウィリアムソンの概念構成（GM, p.111-2）は，デイビスとノースからの丸ごとの借用だが，用語では，制度的環境とガバナンスの制度に読み替えている。ほどなく，ガバナンスの制度という表現よりも，ガバナンス構造という言葉が多用され，制度的環境とガバナンス構造は，概念上，境界を持つものとして再構成された。かくして，「非常に大きな歴史的キャンバスを描く」マクロ分析的な制度的環境と「比較実行性に焦点を当てた」ミクロ分析的なガバナンス構造が，どうにか架橋されたかに見えた。それが，図表5-3の3層図式である。

しかし，ウィリアムソンは，ノースの断続平衡説に類似性を見る進化的な制度的環境や社会学者の制度的環境の定義には，拭いきれない違和感があったようだ。

彼（GM）は，クリフォード・ギアツの民族誌的な事例を引用し，難解な議論を展開している。即ち，バリ島の闘鶏では，功利的な人々により，非合理な賭け金へと吊り上がると，自分の種族や村を応援する人々の郷土愛のようなアイデンティティが醸成される。そして，それが社会的圧力となり，互角の賭け率へと導かれる。この社会的圧力こそが，制度的環境からの制約である。だが，ウィリアムソンの結論は，日常的現実の断片を社会的に意味構成し，全体として一般化する制度的環境の研究は，馬鹿げたことだった。制度的環境の中核的要件を分析することは，実のある分析にはならないと見ていた。「理念的」性質と「拘束的」性質を併せ持つ制度についての社会理論は，ウィリアムソンに

は有意味な議論ではなかった。

　前期の市場－階層アプローチの構想では，第1に，契約アプローチから，制度的環境では雇用契約と販売契約の差異が問われ，第2に，取引費用アプローチから，ガバナンス構造では，資源配分の比較実効性が問われた。ウィリアムソンが唱導した前期の組織科学では，制度的環境とガバナンス構造の両者が分かちがたく結びついており，法学が顕著な制度的環境よりも，経済学と組織論に関連したガバナンス構造の分析に力点が置かれた。即ち，経済学と組織論が共通基盤となり，法学がそれを補完する形で参加するのが，基本的なスキームであった。

　「経済学と社会学は，健全な緊張関係の域に達した」(GM) と述べながら，闘鶏の例に見られるように，彼が長い周期の制度変化を扱う社会理論を敬遠した感は否めない。組織が制度的環境の重要な部分であることを認識していたはずだが，新制度派組織論のような議論は，彼には退屈であったように思われる。

　最終的には，ウィリアムソンは，ノースの制度的環境を所与として受け取ることにして，自らは，ガバナンス構造の離散構造分析だけに焦点を当てると宣言する。こうして制度的環境とガバナンス構造の分裂の克服は見送られた。ノースや新制度派組織論の理念的性質の議論は，すべて制度的環境に封印され，ウィリアムソンは，経験的実在であるガバナンス構造の側に立った。分裂の克服には失敗したが，大胆な割り切り方は，見識といえなくもない。この帰結は，取引のミクロ分析やガバナンス構造からの議論の限界であると同時に，ウィリアムソンの到達点でもあった。

　大観すれば，ノースの関心は，社会理論を包摂した制度的環境にあり，ウィリアムソンの関心は，市場と階層の関係性や境界にあった。

(2) 方法論的個人主義

　1980年代に入ると，『エクセレント・カンパニー』に代表される企業文化がブームになる。企業の重要な特徴は文化だとされた。しかし，企業文化の定義は，しばしば曖昧にして多様である。ここでの解釈は，ホジソンを手掛かりと

しよう。曰く，「企業文化は，単なる情報共有以上のものである。それは，慣行と思考習慣を共有することを通じて，学習の方法や文脈，価値観，言語を提供し，集団的能力と個人的能力の両者に進化をもたらす」（Hodgson 1996）ものである。

すなわち，ヴェブレン的に言えば，階層は生産方法や手段についての蓄積された習慣を資産として保持している。階層は，組織ルーティンの貯蔵庫である。シドニー・ウィンター（Winter 1982, p.76）は，「組織的記憶の内容が，個人メンバーの記憶の痕跡という形でのみ保有されていたとしても，個人に保有された断片は，他のメンバーにより保有された断片によって提供される文脈を取り除くと，意味をなさなくなるという点で，学習の経験はやはり組織的知識なのである」という。

そこで，バーナード（Barnard）やサイモンでは，企業文化について自在に語っているのに対し，ウィリアムソンのアプローチでは，企業文化や学習プロセスの問題がうまく扱えない。何故か？

たとえば，バーナード（1938）は，「組織の存続は，それを支配している道徳性の高さに比例する」とし，組織の予見，長期目的，高邁な理想こそが，協働を持続する基盤だと記した。その上で，「組織人格になりきる能力」を増長させる企業文化の美徳を説いた。

サイモン（1957）も，習慣や組織ルーティンを重視して，「他の人間とコミュニケーションする人間の能力は，学習過程を短縮する助けになる」と述べ，「組織は成員を訓練し教育する。それは組織の影響力の内面化である」と説いた。ウィリアムソンが企業文化を論じられないならば，由々しい問題である。

従業員の学習は組織的枠組みの内部でのみ生じ，多くの場合，その知識は個人的に持ち運びできない。かくして，組織学習する過程を通じて，個人の目的や能力，価値観は変化していく。当然ながら，個人の選好も変化せねばならない。

ウィリアムソンの説明では，市場は自生的に変化し，階層は意識的，計画的に変化するという。市場については，ハイエクの論文「社会における知識の使

用」から,しばしば引用されている。ハイエク(Hayek 1945, p.528)曰く,「価格システムは,人間がそれを理解せずに躓いた後,(相変わらず,その最善な使用を学ぶことからはほど遠いが)その活用を学んだものであり」,即ち,「価格システムの真の機能は,情報伝達のメカニズムであり,(略)市場の個々の参加者たちは,正しい行動をとるために,必要な知識の量は少なくて済む」(p.526-7)であった。市場の有する変化は,「ハイエクの自発的」適応として述べられた。

 少し留意しておきたいのは,ウィリアムソンのハイエクからの引用は,著名なAER論文「社会における知識の利用」が殆どであり,この時代のハイエクのspontaneousの含意は,市場における個人間の自発性を論じたものであり,後年の自生的な意味ではないことだ。ただ,ウィリアムソンの場合は,自生的な意味で使用している。いずれにせよ,市場は変化し,適応する。

 他方,階層の変化は,バーナードの主著の公式組織の「意識的で,計画的で,目的をもつような人々相互間の協働」(1938)を用いて説明された。階層は,意識的且つ計画的に適応する。こうして,ウィリアムソンは,市場や階層の状況変化に対する適応問題を正しく認識している。だが,彼は,階層の変化・適応は認めても,個人の選好の変化は主流派同様に,認めない。

 議論の前に,ウィリアムソンが,自らのアプローチの限界を認めていたことも記すべきだろう。ウィリアムソン(GM)は,選好関数を含めフィードバックについて「取引費用経済学の構築では,未発達である」とし,現実世界の個人的な選好は内生的だと認める。内生的選好への影響は,図表5-3の3層図式では,破線で示されている。しかし,別な論文(1993)で,「内生的選好の想定は問題を複雑にし,しかも本質的な問題ではない。実行可能な単純化は日常的に使用されているので,外生的選好だけで十分である」と記している。実行可能性という道具的な言葉の強調によって,偽りの想定の外生的選好を正当化してしまった。

 ウィリアムソンは,やはり,方法論的個人主義の伝統から脱却できなかった。個人の選好は時間を通じて変化しないという想定のもとに,選好は変化し,形

成されるものであるという現実を否定した。同じロジックで，企業文化が個人の目標や行動に，部分的に影響を与えることも考慮しない。選好はもとより，個人の内部からミステリアスに生じるだけではない。経済や社会との相互作用によって，形成される。結局，個人的選好を不可侵のものとする所与の個人を分析の出発点とすれば，発展的で再構成的なプロセスである学習の議論など，できるわけがない。

　かくて，取引費用経済学（GM）では，組織的枠組みでの体験的学習（learning-by-doing）が不可欠な場合，即時の要請に対応できず，新たな手法の開発が必要であるという。

　また，バーナードの非公式組織を1例として採り上げて，企業文化（GM）は自生的性格と意図的性格の両面を持っているとも記した。しかし，企業文化は制度的環境に制度的信頼として埋め込まれているとして，ガバナンス構造の議論から切り離してしまった。

　一方，1990年以降，徐々に新古典派と距離を置き始めたノース（2005）となると，主流派モデルが想定する外生的選好の仮定は，個人行動の変化を考慮しないと明快に言い切る。2000年代のノースは明らかに反新古典派的だが，ウィリアムソンの場合は，主流派への現実主義的な不満は述べても，主流派の基本仮定の外生的選好を捨てるほどの覚悟はない。彼は，やはり主流派に左袒している。

(3) 比較静学アプローチの限界

　近年，戦略経営の時代となり，ウィリアムソンの比較静学アプローチの限界が，主に，イノベーションと関連して表面化した。彼は多数の論文の中で，自らのアプローチを比較静学の1つであると，繰り返し述べている。

　3層図式の設計思想は，第1に，取引費用はガバナンス構造の様式に応じて変化すること，第2に，取引は制度的環境に埋め込まれ，制度的環境が一定であるとすれば，取引は，（各契約法によって）示唆されたガバナンス様式に収斂することであった。こうした均衡的配置が制度的環境の攪乱に応じて，どのよ

第5章　後期オリバー・ウィリアムソンの路線変更

うに変化するのかを考察するのが，比較静学のアプローチである。ウィリアムソン（GM）は，制度的環境を一連のパラメーターの集合として扱い，その変化が比較ガバナンス費を変化させるという手法を提案した。

　静学的な効率から動学的な効率へのダイナミックな変化が，彼の理論に包含されないことについては，自らも認めている。即ち，「急速なイノベーション体制の経済組織の研究は，ここで述べられたことよりも，遥かに困難な問題を提出している。（略）組織とイノベーション間の関係について，もっと多くの研究が必要である」（EIC, p.143 - 4）と記した。イノベーションへの関与は，短期的には静学的非効率性を高めるからである。

　1990年代以降，グローバル経済が進展し，オープンエコノミーでの企業の戦略経営が求められる時代となった。ウィリアムソンは，市場ではイノベーションを促進し，維持することは難しいことを認識していた。他方で，階層は長期的な研究開発を遂行するセーフティネットを提供すると見ていた。

　急速なイノベーションは，殆ど不可避な経路依存性を覆すことを可能にする。しかし，このイノベーションは，静学的なミクロ分析の枠組みでは論じることができない。実際，ウィリアムソンは，新技術を活用する企業家的経営者や均衡破壊的な技術を生み出すベンチャービジネスについては，何も語っていない。たとえば，R＆D投資では，研究開発の機会を見きわめて，資源を動員し，資産編成などを考慮することになる。研究開発の結果は，直ちに獲得できるものではない。また，技術開発の成果も不確実である。不確実性の問題は時間的文脈が重要となるが，比較静学では動学とは異なり，時間の幅は存在しない。この点は誰もあえて触れないが，指摘しておくべきである。したがってウィリアムソンの枠組みでは，戦略的経営の多くの側面が無視されることになった。

　また，長期的発展の文脈では，個人的選好は，いよいよもって所与とはならない。階層は，学習の積み重ねによる組織ルーティンに頼る場合がままある。なにがしかの収穫逓増が生ずる場合には，経路依存性を考慮せねばならない。経路依存性は，階層内部の学習や模倣の累積メカニズムによって担保される。

　もともと，学習は絶えず過去を土台として，その上に累積的に積み重ねられ

ていくものである．技術変化に学習が中心的な役割を果たす以上，経路依存プロセスは必然である．つまり，歴史がものをいう．

ウィリアムソン（GM）は，「階層を苛む官僚制問題も，経験の産物であり，歴史が重要であるという命題をよく示している．」としながら，「歴史が重要であるということは，歴史だけが重要であることを意味するわけではない．（略）技術的な経路依存性は，研究が示唆するほど，重要だとは思えない」と言い放つ．そして，ポール・デイビット（David）のQWERTYを例外として扱い，「是正可能な非効率性は，めったに立証できない」（GM）と記した．

経路依存を分析の枠組みに組み込むために，ノース（1990）が「制度が効率的であるという見解を放棄した」のに対し，ウィリアムソンは，市場競争による淘汰を通じて，ますます効率的な形態のみが生き残るとの主張を堅持している．その主張を貫き通せば，経路依存性は，所詮，非効率なものに過ぎず，淘汰されることになる．まして時間の幅を持たない比較静学分析に於いては，歴史的過去に規定され，現在に至る経路依存性の議論など，望むべくもない．

ウィリアムソンは，バーナードやサイモンの組織科学の系譜に自らを顕彰しているが，実のところ，方法論的個人主義と比較静学の均衡分析によって，取引費用の最小化効率を専らとした正真正銘の経済学者である．バーナードやサイモンには，ウェーバーへの異論や再評価が明らかに読み取れるが，彼らとは異なり，ウィリアムソンには，ウェーバーの影響は感じられない．「バーナードとサイモン，そしてセルズニックを加えれば，主流派組織論の良書の大凡をカバーできる」（1990a）かのような筆滑りもあった．また，階層が果たす枢要な役割も熱心には論じない．

彼は，内生的選好の排除や動的イノベーションへの消極的態度によって，バーナードやサイモンの延長上で，経営学の濃度を著しく希薄にして，市場と階層という別種のガバナンス様式を画一的に捉え，効率性基準の経済学の濃度を高めた．

ティースらの能力アプローチは，組織を経済学的収斂へと導くウィリアムソ

第5章　後期オリバー・ウィリアムソンの路線変更

ンの試みに待ったをかけ，機会主義とは距離をおいた経営学への揺り戻しとして評価されてよい。

また，ウィリアムソン（GM）は，ノース（1991）論文から，「経済史は，壮大な経済学の失敗物語である」という結論のみを照射し，対照的に，取引費用経済学の物語は，成功を凝視していると自画自賛している。

制度とは何かという多くの議論は，とかく理念的な性質の議論が多く，観念的でもある。ウィリアムソンは，試行錯誤はあったものの，制度的環境については所与と捉え，非介入の論理に立ち至った。経験的な実在であるガバナンス構造に照準を絞ったことは，それはそれで，見識かもしれない。

しかし，ウィリアムソン（GM）が，「取引費用経済学は，企業をガバナンス構造として記述する」と本気で考えるなら，管理の科学を論じなければならない。現在までのところ，筆者にはその営為が見つけられない。

第6章　サイモンの限定合理性のその後

　限定合理性の主張は，主著『経営行動』（第2版）では残余的範疇の記述だが，多数のサイモンの論文で言及されている。やがて，トヴェルスキーとカーネマン（以下T＆K）の合理性からのシステム的逸脱としての限定合理性が普及すると，急増した行動経済学者たちの後続研究が経済学分野に蟠踞した。

　時は流れ，すでに何度も言及したようにT＆Kは，主流派の効用概念の補正の側に絡めとられていった。完全合理的なはずの人間が犯すエラーの研究が標準理論の修正へと向かった時，限定合理性の主張は主流派の思弁的領域に埋没した。こうしたT＆Kの新古典派への宗旨変えにより，サイモン自身（1991a, p.320）が「『限定合理性』は，少なくともアメリカでは静かに死に至りつつあるように思えた」と記すのも頷ける。このような潮流の中で，孤塁を守ってきたサイモンの伝統を継承するドイツのゼルテンやグートの研究に，限定合理性の理論的拡張の曙光がほの見える。その研究の一端について概観したい。

1　プロスペクト理論vs満足化

　T＆Kのプロスペクト理論の特徴は2つある。1つは，人間が意思決定する時に，損失の領域ではリスクを追求する傾向があり，逆に利得の領域ではリスク回避的になるという論証である。もう1つは損失回避性で，人は何かを得るよりも，何かを失う場合の方に強く反応するというものである。ここで議論したいのは，後者の損失回避性である。プロスペクト理論の価値関数を図表6－1に示しておく。

111

図表6-1 プロスペクト理論の価値関数（T&K 1991, p.1040）

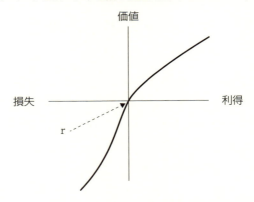

カーネマン＝クネッチ＝セイラーの論文「保存効果，損失回避，現状維持バイアス」（1991）の冒頭に，次の事例が示される。

> ワインをこよなく愛する経済学者は以前，美酒のワインを安値で手に入れた。その後，ワインは好評になり，当時1本10ドル以下のものが，今やオークションに出せば，200ドルの値がつく。経済学者はワインを愛飲しているそうだが，競売価格で手放す気は全くない。同時に，そんな高値で買い足そうとは毛頭思わない。

さてプロスペクト理論では，ワインを買うにせよ売るにせよ，参照点が問題となる。この事例の「参照点 r = 0」はワインを持っている，あるいは持っていないという境となる原点である。T＆Kの参照点 r の定義は多義的である。たとえば，同僚のボーナスの額が参照点となる場合は，参照点 r は要求水準と考えてよい。また，タクシードライバーの今日の売り上げ目標が参照点 r であれば，それは近未来の目標を意味する。だが，ごく一般に使用される事例の多くでは，ワインの保有の有無のような現在の状態を示すことである。

そこでワインを保有している場合には，それを手放す苦痛があり，持っていない場合にはそれを手に入れる喜びがある。損失回避のため，両者の価値は同じではない。つまり同じ1,000円でも，「1,000円得た」時に得る満足感よりも，

「1,000円損した」時の失望感の方が大きいと感じる。ワインを手放す苦痛は，同じワインを手に入れる喜びを上回る。

図表6－1の損失の領域では凸価値関数の傾きは急になっており，損失に対する感応度は同じ利得に対する感応度より強い。この損失が利得よりλ倍強く計測される感応度を，損失回避係数という。つまり，合理的選択理論では首尾一貫したリスク回避であるべきところが，損失回避というバイアスが生じる。その結果，損失回避については選好が不連続になる。新古典派パラダイムとの関係をクリアにしておこう。

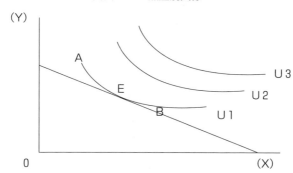

図表6-2　無差別曲線

(a)　図表6-2は，2つの財の無差別曲線で，U1の無差別曲線上の全ての点は同等に好ましい。同一の無差別曲線上ではどこでも同じ満足が得られる。U1より効用が大きければ，より高い等高線のU2の無差別曲線になる。

(b)　無差別曲線はあくまでも選好の相対的順序であり，どちらが好ましいかを示すだけである。

けれども，同じワインでも図表6－1の参照点rを超える左象限では，損失回避により選好の一貫性が崩れ，無差別曲線に乱れが生じる。別な実験（ボールペンと現金の交換）では無差別曲線が交差する。この選好の逆転は新古典派前

提の完全破綻にほかならない。

　T＆Kはサイモンの満足化アプローチを採用していないため，選好順序を問わない要求水準には触れない。プロスペクト理論は，アレ（Allais）の選好の逆転の定式化として，結論的には参照点を組み込んだSEU理論の改訂版として脱構築された。

　主流派パラダイムでは序数的効用を前提として，最大化行動が定式化されている。換言すれば，この選好順序が安定しないアノマリー（例外）は，選好の推移性に基づく主流派モデルでは説明できない。けれども，カーネマン＝クネッチ＝セイラーは，論文の末尾のコメンタリー（1991，p.205）で，損失回避は例外ケースで扱いやすいと述べる。つまり選好順序が安定している主流派の鍵概念を捨てて，「現状維持バイアス」などの現実的な参照点を無差別曲線にとり入れることを提案する。しかも，その修正は少なくてすむ。T＆K（1991，p.1051）は完全代替的選好の簡素な例で，損失回避係数を織り込んだ参照依存モデルとして一般化を試みている。無差別曲線は参照点 r で折れ曲がり，変形している。

　しかし，その試みは，プロスペクト理論の行動的洞察によって補正された，主流派の効用概念の拡張である。カーネマン＝クネッチ＝セイラーの実験結果の損失回避は，熟慮の結果なのか，直観なのかは定かではない。サイモンの立場からすれば，損失回避やシステム2が犯す失敗は，満足化行動や再認ヒューリスティックスでカバーされる領域にある。

　カーネマン（2011）は，別の選択の結果と較べて，別の選択をすればよかったという後悔が扱えないことを，プロスペクト理論の欠陥だという。実はプロスペクト理論には，2つの段階がある。第1段階の編集局面では，意思決定者の経験や習慣によって，選択肢の結果を参照点により損得に分け，同一の結果のものはまとめ，共通部分を消去し，選択肢の確率などを単純化して，優れている選択肢を探し出す。第2の評価局面で，再構成されたプロスペクトを基に価値関数と確率加重関数を用いて，最大値が評価される。即ち，入手した結果と入手しなかった結果の比較は第2段階では不可能となる。

第6章　サイモンの限定合理性のその後

　サイモンの満足化ではどうか。不満は，要求水準を超える代替案の発見が困難な場合が該当する。代替案が発見できなければ，要求水準は押し下げられて，受容可能な最低限の満足基準になる。たとえば，受容できない落胆とは，予期しない不況となり，大きく下方修正された企業業績に基づく報酬が，不況の状況が未だ反映されていないままの個人の要求水準を大きく下回るケースが該当しよう。こうした場合は，満足な解がなかなか発見できず，要求水準が押し下げられて，その結果として最低保証利得が得られれば，よしとされる。しかしながら，満足化原理は，そもそもすべてを精査することを好まない思想であり，入手しなかった結果は気に留めない。つまり，プロスペクト理論は期待効用を規範とするため，本質のところでは，最大化を目指すので後悔に囚われやすい。カーネマンの後悔は，彼が最大化指向であることの裏返しの議論である。
　行動経済学のアノマリーの経験的証拠はさまざまな実験結果があり，散乱こそしているが正しい論証である。そのデータを数多く蓄積し，その土台の上に満足化原理と両立しうる経済モデルが構築できたなら，新古典派摩天楼は根底から掘り崩されていたかもしれない。

2　限定合理性の新たな射程

　サイモンの限定合理性は詰まる所，人間には環境の複雑性と認知的限界という2つの制約があることだった。しかし，限定合理性の要因はそれだけに留まらない。
　ゲームセオリストで，サイモンに啓発された限定合理性の研究者でもあるラインハルト・ゼルテン（Selten 1978）は「チェーンストア・パラドックス」で，新たな要因を提示した。
　ゲームの前提条件は，20の町という有限回の展開型の完全情報ゲームである。

Aは，20の町に支店を持つチェーン店である。今それぞれの町（$k=1$，…20）には事業家kがいる。事業家kは，銀行から資金調達して，20の町

> でAのチェーン店と競争する小売店を開業（参入）するか，他の事業に投資(退出)するかの選択に迫られている。事業家ｋが小売店に参入しなければ，Aの独占利潤になる。事業家ｋが小売店に参入すれば，ｋの町でAがとる価格政策は，小売店と利益を平等に分け合う協調か，損を覚悟で小売店を攻撃するかの2つの選択がある。最初の小売店（ｋ＝1）が参入したとき，Aはどう対応するか？

こうした前提では，ゲームツリーの最後から分析を始めて，初期点に向かう各節の情報集合の最適行動を求め，ゲーム全体の均衡点を構成する後向き帰納法を用いる。先ず図表6－3に利得表を示そう。左の数字が事業家ｋの利得で，右の数字がチェーン店Aの利得である。

図表6－3　利得行列

利得表

	協　調	攻　撃
参　入	2，2	0，0
退　出	1，5	1，5

　次にチェーンストアゲームの初期点をツリーで，次頁の図表6－4に示そう。
　図表6－4の左上の（0，0）で書かれた終節から分析を始めて，親節のAに戻ると，Aの攻撃は協調に支配されている。それはAの利得2＞0だからである。したがって，攻撃を選択する枝とその利得を消去し，右上の図に移る。もとのツリーの終節（1，5）からｋまで引き戻すと，もし「ｋがAの最適行動が協調することだと合理的に予測する」なら，ｋは行動を退出から参入に変えて，均衡点の利得1よりも高い利得2を得るはずである。よって，退出の枝と利得は消去され，下向き矢印の部分ゲーム完全均衡点である戦略の組（参入，協調）に収束する。以上から，20番目から遡及すると，20番目の町に小売店が参入すれば，Aには攻撃する理由はない。もう参入阻止すべき小売店が存在しないので，利益を犠牲にする必要はないからだ。Aが最後の小売店と協調すると決

第6章　サイモンの限定合理性のその後

めるなら，共存する相手は阻止できないことになる。19番目のゲームでも攻撃を仕掛ける必要はない。この議論を続けていけば小売店は常に参入し，Aはそれに常に協調する結論に至る。かくて，全部の町で事業家は小売店に参入し，Aは小売店の1番目から20番目に至る全ての小売店と協調していくことになる。

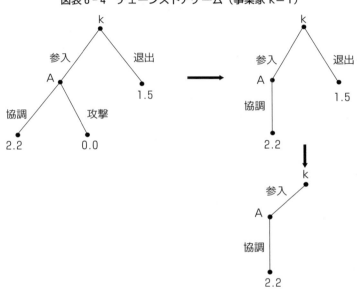

図表6-4　チェーンストアゲーム（事業家k＝1）

ゼルテン（1990a）の後向き帰納法を用いた部分ゲーム完全均衡的計算はシンプルで，ゲーム理論に未熟な人でも理解可能である。だが，論証は完璧であっても，直観的にはどうにも合点がいかない。論文（1978）では「もし自分がAの立場なら攻撃に出て，参入阻止戦略に従う」と記した。ゼルテンは友人や仲間も含め，今まで一度も後向き帰納理論に従って行動するという人に出会ったことがない。数学的素養のある人は理論的な妥当性については認めても，現実行動では，やはり選択しないという。

117

チェーンストアの逆説たる所以は，直観的にもっともらしいと思う阻止攻撃に出て，その威嚇による評判を利用し，その後の事業家参入を躊躇させる論理的説明ができないジレンマだった。それは，合理性を前提とした分析アプローチの限界ともいえる。
　なるほど，先発のチェーン店Aが最後に近いゲーム（たとえば，k = 18, 19, 20）は別にして，序盤では採算を犠牲にして，低価格戦略を用いた攻撃に出て事業家kを委縮させるのは，いかにもありそうなことである。
　クレプスとウィルソン（Kreps & Wilson 1982, p.582）は参入阻止行動の合理的説明を行うために，Aには通常の合理的なタイプの他に，常に参入を阻止するタフなタイプを設定する。そしてAは自分の利得のタイプを知っているが，事業家kは知らないという情報不完備を持ち込むことによって，評判の流布により，参入阻止行動を均衡行動として説明することを可能にした。
　つまりチェーン店Aが攻撃に伴うコストを投資だと考えれば，事業家kはほとんどいつも攻撃への不安のために挑戦を回避する。即ち，それが賢明な行動であることが示された。
　しかし，それは参入阻止戦略を不完全な情報と評判効果を用いて，もっともらしく仕立てた証明に過ぎない。部分ゲーム完全均衡点が現実の決定と整合性を持たないのは何故かと，ゼルテンが問うた限定合理性の本質とは無関係である。
　ゼルテン（1990a）は，優れたゲーム理論家たちの工夫に富む試みだが，「チェーンストア・パラドックス」とは異質なゲームであり，なによりも「『限定合理性』問題からの逃亡である」と記している。
　ゼルテンは，現実の人間は限定合理的であり，時として論理と感情や行動とは整合しない乖離が生じる。それは人間の内にある認知と意思決定が分離していることに由来し，合理性に対する動機の限界と表現した。
　合理性に対する動機の限界の問題は，ドナルド・デイヴィッドソン（Davidson 2004）によれば，古代ギリシア哲学の時代からよく知られているという。「全てを考慮したうえで他のものよりよいと信じることに反して，他の行為を為

第6章 サイモンの限定合理性のその後

す」ことをアリストテレスは，アクラシア（意志の弱さ）と呼んだ。確かに，人は納得づくの理由に基づいてある行為が最善だと判断しておきながら，別の選択をしてしまうことがある。

実は，サイモン自身（1985）も，限定合理性と動機の弱点に一瞬だが言及している。アメリカ建国の父のジェームズ・マディソンから引用した「人間には，用心深さや不信感が必要な堕落があるように，人間の本性には気高さと信頼に値する性質もある」である。サイモンは叙上の堕落や気高さなどの性向をひっくるめて，人間の限定合理性とそれに伴う動機と理性の弱点と記した。

私見では，サイモンの本当か嘘かという事実前提は，将来を視野に入れた意思決定にはなじまない。たとえば，アップルが業績低迷したときに，経営幹部は，もしスティーブ・ジョブズならiPhoneの次には，何を計画しただろうかと考えるかもしれない。これは利にさとい打算と画期的な製品への信仰が入交じったサイモンの価値前提に属すものだが，動機と理性の弱点とも言える。

ゼルテンの動機の限界の例は，経済学では，ダイエットや禁煙，禁酒がしばしば引用される。たとえば，ダイエットを決意しながら，つい目の前のケーキに手をのばしたり，禁酒後，たいぶ経過してからの酒盛りがとっさにイメージされ，ダイエットや禁酒を見送ってしまうこともある。意思決定の時点と将来の利得を得る時点が，時間的に離れている決定では，目先の小さな利得を選ぶ選好の逆転が生じることがある。

図表6－1の利得の領域では，将来の利得には低いが，直近の利得に対して時間選好率は高い。時間非整合性というが，言わば限定合理性での動機の限界とは，論理と情動の対立の中で生じる。

この時間非整合性に気づいているソフィスティケイティッドな人でも，「わかっちゃいるけどやめられない」という心理から選好の逆転になることも，少なくない。また現実の行動では，情動の方が論理よりも優れていることも，ままある。

ゼルテンの結論と対応させて、サイモンの意思決定プロセスを見ておこう。サイモンでは、知的（インテリジェンス）活動、設計（デザイン）活動、選択（チョイス）活動として、シリアルな意思決定プロセスとなっている。

　知的活動は、「今、何が起きているか」という状況への問題認識とそのための情報収集のプロセスである。設計活動は、特定状況に対処する代替的選択肢は当初、設計されなければならない。代替手段が出揃えば、代替案集合からの探索になる。最後の選択活動は、代替手段の中から満足のできるものを一つ選択する意思決定である。

　さて認知と分離された意思決定は、意思決定過程の中の行動の選択という最終決定メカニズムで行われる。ゼルテン（1990a, p.652）は、意思決定過程には3層の内的プロセスがあるとしている。サイモンの情報処理は直列的であったが、ゼルテンはラメルハートら（1986）の並列分散型の情報処理を念頭に置いている。3層のプロセスは同時並列的に機能し、a．ルーチンレベル、b．想像力レベル、c．推論レベルに分かれ、ここでの焦点はa．のルーチンレベルの最終局面の意思決定メカニズムにある。

　次頁の図表6－5に、ゼルテンのイメージを作図し、各レベルの大略を述べておこう。

a．ルーチンレベル：無意識か、時には意識レベルにのぼる知力や学習により、どの経験則を採択すべきか素早く評価し、決定を行う。
b．想像力レベル：複数の行動がもたらす将来的帰結についてシミュレーションし、競合するシナリオの中からより有利なものを決定する。
c．推論レベル：状況を単純化したいくつかのモデルを作り、過去の体験と論理的思考を勘案して最適な決定を行う。

　3階層の作動には、3つのバリエーションがある。(1)ルーチンレベルだけの日常的な作動、(2)ルーチンレベルと想像力レベルの創造的作動、(3)意図的熟慮による全てのレベルの作動である。

第6章　サイモンの限定合理性のその後

図表6-5　ゼルテンの3層の意思決定モデル

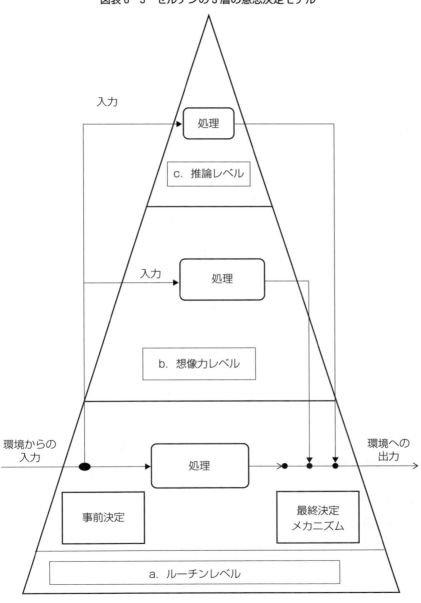

どのパターンを採用するかは，ルーチンレベルで事前決定される。またルーチンレベルは，必ず，決定に到達するが，他は決定に至らずとも，決定に必要な時間や労力の稀少性によって，その中間結果がルーチンレベルで使用されることもある。ルーチンレベルが想像力レベルのシミュレーション計画を事前決定し，想像力プロセスを統治する。また想像力レベルは，行動がもたらす結末に対する心的表象を描き，推論レベルでは2つの下位システムを基盤としつつ，状況のモデルを使用し，時間をかけた分析がなされる。

並列的作動の結果，同じ問題に対して各レベルの決定がそれぞれ異なっていても，必ずしも高次レベルの決定が採用されるとは限らない。たとえば，推論レベルでは論理ミスや計算ミスに陥ることもあり，不確実な状況では信頼に値しない。また想像力レベルがいつも，ルーチンレベルより優れた決定をするとは限らない。3層レベルの信頼できる決定とは，過去に経験した問題に限られる。

過去の結果の成否については，ある一定期間の時間的スケールで評価される。帰するところ，意思決定の作動パターンの決定も，行動選択の最終決定も，過去の学習や情動を前提としたルーチンレベルに委ねられる。

「チェーンストア・パラドックス」の認知と意思決定のギャップはまさに，この最終決定メカニズムに由来している。つまり，推論レベルの最大化行動の「協調」とルーチンレベルの直観的・衝動的な「攻撃」は，相容れず，衝突する。

別な論文で，ゼルテン（1988）は，心の未知なる部分から浮上してくる限定合理的な意思決定について，最終決定は意識的に作り出されるのではなく，むしろ「理解しづらい内省」から創発するとしている。意思決定の創発性は，情動の影響によって生じうるという見方を強調している。

最新の神経経済学ではf-MRIなどを用いて脳について，従来の脳神経系だけではなく，血中酸素量や血流の変化などを調べる研究に着手している。彼らが理論基盤とするアントニオ・ダマシオ（Damasio 1994）は空腹を満たしたり，落下物をよけるような単純な意思決定だけではなく，身体のループ（心と脳か

ら身体へ，そして再び身体から心と脳へのループ）が誘発する情動が，仕事の選択や投資の選択，老後の選択などのもっとも重要な選択に本質的な役割を果たすと報告している。ゼルテンと軌を一にするが，神経経済学との整合性は，筆者には不分明である。

3　限定合理的人間のモデル

　動機の限界に基づいたゼルテンの限定合理性の概念は，情動と認知的判断の葛藤にあった。また，熟慮の結果到達した選択でも，情動により裏切られることもある。ゼルテン説では，意思決定プロセスの全体が認知と意思決定とに分離され，認知は知的活動と設計活動を含み，意思決定は選択活動であった。そして動機の限界は，図表6－5のルーチンレベルの最終決定メカニズムで生じる。

　そこで，サイモンの限定合理性の概念構成に，動機の限界はどう位置付けられるのか。『人間の問題解決』（1972b）の情報処理システムとしての人間を念頭において，動機の限界を包摂したイメージを考えておこう。

　サイモン（1972b）は，タスク環境という表現を好んで用いる。タスク環境とは，「人間が数学を解き，散歩し，友人と交流し，車を運転し，恋愛し，議論し，食物を買い，死ぬ」という多様な適応行動の意味空間として描写される。つまり，問題解決状況に置かれている人間が，外部環境の中に自分にとって必要な行動を見出した時，その状況がタスク環境になる。また問題空間は，実際の行動やその行動を引き出す潜在的行動，また表向きの行動と対応しない思案中の行動をひっくるめて，問題解決がなされる主観的な空間である。

　大雑把だが，タスク環境の要求が人間に内部表現された領域が，問題空間である。サイモン（1996）によれば，莫大な情報を蓄積した長期記憶装置は外部環境にあり，そこには専門的な知識や技能，目標，慣習，規則などが収納されている。そして知識や技能は，問題解決の際に，人間の情報処理過程で問題空間に動員される。問題空間は現実の問題解決のために，比較検討が行われる作

業領域と考えてよい。以上の概念整理をギーゲレンツァ（Gigerenzer 2007，訳書70頁）の直観モデルを変奏させて，図表6－6に示す。

　ギーゲレンツァー（2002）によれば，心理学的妥当性と生態学的合理性の概念が，限定合理性の研究の道を提示するという。心理学的妥当性は心の中を覗くことを示唆し，意思決定や行動を理解するために認知や情動に注意を払う。対照的に，生態学的合理性は心の内面を理解するために，外部環境から心を見ることを示唆する。

　2つの概念は両側からトンネルを掘るように，相補的である。図表6－6では，タスク環境の要求と認知能力は，問題空間で結びつく。また，動機付けの主要源泉の情動は認知制御の下におかれる。タスク環境と認知能力の接点は，サイモン（1996）によれば，人間の目標によって定義される。人間が効率的に適応すれば，その行動は主としてタスク環境の特性を反映すると同時に，認知的な限界を明らかにする。この認知的制約を唯心論的に拡大させたのが，T & Kの認知的錯覚の研究だった。

図表6-6　限定合理的人間のモデル

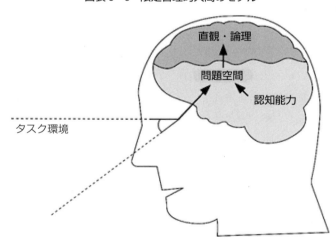

図表6－5のゼルテンの3層のレベル決定を例に引くと，恵まれた環境の下ではルーチンレベルは素早く，なんらかの経験則の使用を決定する。ところが厄介な環境の下では，問題空間の中で推論による探索プロセスを辿ることになる。

　仮に，図表6－5のルーチンレベルに浮上した情動と推論レベルの探索プロセスが並列的に情報処理され，そこに動機の限界が生じれば，情動により探索結果は却下されるかもしれない。たとえば，子供へのプレゼントの限定的自制力（＝動機の限界）により，推論レベルの予算制約内の費用－便益計算の満足解は最終決定プロセスの局面で却下され，愛情優先の散財となるかもしれない。サイモンの直列システムでは，情動は時分割で干渉し，満足化ヒューリスティックスを停止するストッピング・ルールにもなりうる。

　以上見てきたように，ゼルテンの動機の限界は，情動が認知制御に勝り，合理的行動に制約を与えるという意味で，サイモンの伝統を継承しながら，限定合理的な人間行動の新生面を切り開いたといえる。

　サイモンは自伝（1991a）の中で，「経済学の友人たちは，私を心理学やはるか離れた荒地へと追いやり，とうに私に見切りをつけている」と慨嘆した。しかし，心理学はもはや遠い荒地ではない。主流派が数学的困難に遭遇した時や，アカロフ（Akerlof 2001）がいうような経済学の野蛮な弱点は，心理学的洞察により補修され，洗練されたものになる。

　現代の行動経済学は，サイモンが提示した限定合理性の状況下で，問題解決能力を制約する認知能力，長期利益に反する選択をする限定的な自制力，自己利益を犠牲にする限定的な自利について論じている。サイモンとの決定的な違いは，彼らが新古典派パラダイムの只中に身を置くことである。サイモンには，行動経済学でも急進的と見做され，孤影が宿る。

　サイモンの衣鉢を継ぐ「最後通牒ゲーム」（Güth et al.）は，「提案者に10ドルが贈答され，提案者は回答者に1ドル～10ドルのいくら分けるかを提案する。金額は自由に決められるが，回答者が拒否すれば両者とも何ももらえない」と

いうものである。実験結果によると，山分けの5ドルは殆ど受け入れられ，2割以下の分配は50％の頻度で拒否された。1回限りの匿名の他人と等分に分かち合う互恵的な利他的協調は，自己利益最大化という主流派の前提の全面的な否定である。回答者の立場からすれば，不平等な配分をする提案者にはコストを支払っても，利他的懲罰を課すというものであった。1ドルでも提案を受け入れるのが合理的であるにもかかわらず，不平等嫌悪による「コースの定理」の否定でもあった。金銭的な利益よりも，平等な配分を好む情動的反発である。回答者の態度は感情によって意思決定する，まさに合理性に対する動機の限界のもう1つの論証といえる。

　しかし，そこに功利主義的もしくは懐疑主義的な疑問が生じる。強い利他性に見えるのは，回答者が低い提案額を不公平と考え，拒否されるリスクを恐れ，提案者の功利主義的計算によって，徳のある人格が演じられた可能性もある。その疑問を投げかけるのが，「最後通牒ゲーム」をもう一捻りした「独裁者ゲーム」（kahneman et al 1986）であった。そこでは，回答者には，提案された金額の拒否権は付与されず，提案者が分け前の分配を決めるだけでよい。実験結果では，分配率こそ大きく下がるものの2ドルの配分が大勢になった。こうした結果は，最大化行動や制約付き最大化では扱えない。

　最後通牒ゲームのグート（Güth）は，比較的近年でも，標準形ゲーム（有限n人ゲーム）での満足化についての論文をいくつか書いている。グートら（2010）は，フランク・ナイト的な不確実性のもとで，参加者が最大化指向の場合，どう行動が改められるかを実験している。その結果，参加者が満足化に気がつくと，満足化が継続されることを観察している。グートらは，限定合理性を前提としない戦略的環境下の意思決定の実験では，最大化を追求していた人々が満足化に慣れてくると，自発的に満足化を維持するパーセンテージが圧倒的に高いという。グートらはどうして満足化に精通すると，最適化を怠るのか。その解明を目下の課題にしているという。

　かくて限定合理性の研究は，実験データによって内容が豊かになりつつある。

第6章 サイモンの限定合理性のその後

　ゼルテン（1990a, p.653, p.657）は，何が限定合理性とは異なるのかは誰しも知っているが，限定合理性の現実的理論は，経験的蓄積を重ねる方法以外の道はないという。

　筆者は，このごろ，スチュアート・カウフマン（Kauffman 1995）のアイロニカルな記述をよく思い出すのである。曰く，サイモンの限定合理性の進歩がさほど見られないのは，無限に賢いやり方は一つしかないが，多少間抜けなやり方は無数にあるからで，満足化は，今のところ，この概念による利点はそれほど大きくないという。道のりは，まだまだ長い。

参 考 文 献

Akerlof, G. A. (2001), "Nobel Price Lecture : Behavioral Macroeconomics and Macroeconomic Behavior," www.nobel.se/economics/laureates/ 2001/akerlof-video.html.
Alchian, A. A. and Demsets, H. (1972), "Production, Information Costs, and Economic Organization," *American Economic Review*, 62, pp. 777 - 795.
Arrow, K. J. (1972), "Gifts and Exchanges," *Philosophy and Public Affairs*, pp. 343 - 362.
Arrow, K. J. (1987), "Reflections on the Essays," pp. 727 - 734, in G. Feiwel, ed., *Arrow and the Foundations of the Theory of Economic Policy*. New York University Press.
Arrow, K. J. (2004), "Is Bounded Rationality Unboundedly Rational ? Some Ruminations," in M. Augier & J. G. March, eds., *Models of a Man*, The Mit Press.
Augier, M. & March, J. G. (2008), "Realism and Comprehension in Economics : A footnote to an exchange between Oliver E. Williamson and Herbert A. Simon," *Journal of Economic Behavior & Organization*, 6(1), pp. 95 - 105.
Aumann, R. J. (1985), "What is Game Theory Trying to Accomolish ?," pp. 28 - 78, in K. Arrow and S. Hankapohiya eds., *Frontiers of Economics*, Blackwell.
Aumann, R. J. (1986), "Rationality and Bounded Rationality," Nancy L. Schwarts Lecture, J. L. Kellogg School of Management, Northwestern University.
Barnard, C. I. (1938), *The Functions of the Executive*, Harvard University Press. (山本安次郎・田杉競・飯野春樹訳『経営者の役割』ダイヤモンド社, 1991 年。)
Batifoulier, P. (2001), *THEORIE DES CONVENTIONS*, ECONOMICA. (海老塚明. 須田文明監訳『コンヴァンシオン理論の射程』昭和堂, 2006 年。)
Binmore, K. G. (1999), "Why Experiment in Economics ?," *Economis Journal*, 109, F 16 - 24.
Butterfield, H. (1931), *The Whig Interpretation of History*, G. Bell and Sons. (越智武臣他訳『ウィッグ史観批判－現代歴史学の反省』未来社, 1967 年。)
Chandler, A. D., Jr. (1977), *The Visible Hand : The Managerial Revolution in American Business*, Harvard University Press. (鳥羽欽一郎・小林袈裟治訳『経営者の時代　アメリカ産業における近代企業の成立 (上) (下)』東洋経済新報社, 1979 年。)
Chandler, A. D., Jr. (1990), *Scale and Scope : the Dynamics of Industrial Capitalism*, Harvard University Press. (安部悦生・川辺信雄・工藤章・西牟田祐二・日高千景・山口一臣訳『スケール・アンド・スコープ―経営力発展の国際比較』1993 年。)
Chesbrough, H. (2004), "Towards a Dynamics of Modularity : A Cyclical Model of

Technical Advance," in A. Prencipe, A. Davies and M. Hobday, eds., *In The Business of Systems Integration*, University Press.
Christensen, C. M. (1997), *The Innovator's Dilenma*, Harvard Business School Press.
Coase, R. H. (1937), "The Nature of the Firm," *Economica, 4*, Reprinted in R. H. Coase, ed., *The Firm, The Market, The Law*, The University of Chicago Press. (宮沢健一・後藤晃・藤垣芳文訳『企業・市場・法』東洋経済新報社, 1992年。)
Coase, R. H. (1959), "The Federal Communications Comission," *Journal of Law and Economics*, 2, Oct, pp. 1 - 40.
Coase, R. H. (1960), "The Problem of Social Cost," *Journal of Law and Economics*, 2, pp. 1 - 44.
Coase, R. H. (1988), "The Nature of the Firm : Influence," *Journal of Law, Economics and Organization*, 4, pp. 33 - 47.
Coase, R. H. (1993a), "The Nature of the Firm : Meaning," in O. E. Williamson and S. G. Winter, eds., *The Nature of the Firm : Origin, Evolution, and Development*, Oxford University Press.
Coase, R. H. (1993b), "The Nature of the Firm : Influence," pp. 61 - 74, in O. E. Williamson and S. G. Winter, eds., *The Nature of the Firm : Origin, Evolution, and Development*, Oxford Univercity Press.
Cohen, L. J. (1981), "Can Human Irrationality Be Eexperimentally Demonstrated ?," in J. E. Adler & L. J. Rips, eds., *Reasoning*, Cambridge University Press, pp. 136 - 55.
Commons, J. R. (1934), *Institional Economics*, University of Wisconsin Press.
Cyert, R. M., & March, J. G. (1963), *A Behavioral Theory of the Firm*, Prentice-Hall. (松田武彦・井上恒夫訳『企業の行動理論』ダイヤモンド社, 1967年)
Dahlman, C. J. (1979), "The Problem of Externality," *Journal of Law and Economics* 22(1), pp. 141 - 162.
Damasio, A. (1994), *Descartes' Error Emotion, Reason, and the Human Brain* (田中三彦訳『生存する脳』講談社。)
Damasio, A. (2003), *Looking for Spinoza* (田中三彦訳『感じる脳』ダイヤモンド社。)
Davidson, D. (2004), *Problems of Rationality*, Oxford University Press. (金杉武司他訳『合理性の諸問題』春秋社。).
Davis, L. E. & North, D. C. (1971), *Institutional Change and American Economic Growth*, Cambridge University Press.
Dow, J. (1991), "Search Decisions with Limited Memory," *Review of Economic Studies*, pp. 58, 1 - 14.
Earl, P. E. (2012), "Kahneman's Thinking, Fast and Slow from Standpoint of Old Behavioural Economics," 2012 HETSA Conference, pp. 1 - 29.
Eggertson, T. (1990), *Economic Behavior and Institutions*, Cambridge University Press. (竹下公視訳『制度の経済学』上・下　晃洋書房。)

参考文献

Fourie, F. C. v. N.（1989）, "The Nature of Firms and Markets：Do Transactions Approaches Help ?," *South African Journal of Economics*, 57(2), pp.142 − 160.

Fourie, F. C. v. N.（1993）, "In the Beginning There Were Markets ?," pp.41 − 65, in C. Pitelis, ed., *Transaction Costs Markets and Hierarchies*, Blackwell.

Friedman, M.（1953）, "The Methodology of Positive Economics," in *Essays in Positive Economics*, Chicago University of Chicago Press.

Gigerenzer, G.（1996）, "On narrow norms and vague heuristics：A reply to Kahneman and Tversky," *Psychological Review*, 103, pp.592 − 6.

Gigerenzer, G.（2002）, "The Adaptive Toolbox," in G. Gigerenzer & R. Selten, eds., *Bounded Rationality The Adaptive Toolbox*, The Mit Press.

Gigerenzer, G.（2004）, "Striking a Blow for Sanity in Theories of Rationality," in M. Augier & J. G. March, eds., *Models of a Man*, The Mit Press.

Gigerenzer, G.（2007）, *Gut Feelings：The Intelligence of the Unconscious*（小松淳子訳『なぜ直感のほうが上手くいくのか？』インターシフト，2010年。）

Gigerenzer, G. & Selten, R（2002）, "Rethinking Rationality," in G. Gigerenzer & R. Selten, eds., *Bounded Rationality The Adaptive Toolbox*, The Mit Press.

Gilboa, I.（2011）, *MAKING BETTER DECISIONS：Decision Theory in Practice*, Wiley & Sons.（川越敏司・佐々木俊一郎訳『意思決定理論入門』NTT出版，2012年。）

Gilboa, I. & Schmeidler, D.（1995）, "Case-Based Decision Theory," *The Quarterly Journal of Economics*, 110, pp.605 − 39.

Gilboa, I. & Schmeidler, D.（2001）, *A Theory of Case-Based Decisions*, Cambridge University Press.（浅野貴央，尾山大輔，松井彰彦訳（2005）：『決め方の科学 事例ベース意思決定理論』勁草書房，2005年。）

Gintis, H.（2009）, *The Bounds of Reason*, Princeton University Press（成田悠輔他訳『ゲーム理論による社会科学の統合』NTT出版，2011年。）

Granovetter, M.（1985）, "Economic Action and Social Strucuture：The Problem of Embeddedness," *American Journal of Sociology*, 91(3), pp.481 − 510.（渡辺深訳『転職』ミネルヴァ書房，1998.）

Güth, W. et al.（1982）, "A Experimental Analysis of Ultimatum Bargaining," *Journal of Economic Behavior and Organization* 3, pp.367 − 388.

Güth, W. et al.（2010）, "Satisficing in the Strategic Environment：A Theoretical Approach and Experimental Evidence," *Journal of Behavioral and Experimental Economics*, 39(5), pp.554 − 561.

Hayek, F.（1945）, "The Use of Knowledge in Socety," *American Economic Review*, 35, pp.519 − 30.

Hodgson, G. M.（1988）, *Economics and Institutions：A Manifesto for a Modern Institutional Economics*, Polity Press.（八木紀一郎他訳『現代制度派経済学宣言』名古屋大学出版会，1997年。）

Hodgson, G. M. (1993), "Transaction Costs and the Evolution of the Firm," pp. 77 – 100, in C. Pitelis, ed., *Transaction Costs, Market and Hierarchies*, Blackwell.

Hodgson, G. M. (1996), "Corporate Culture and the Nature of the Firm," in J. Groenewegen, ed., *Transaction Cost Economics and Beyond*, Kluwer.

Hodgson, G. M. (1998), "Evolutionary and Competence-based Theories of the Firm," *Journal of Economic Studies*, 25(1), pp. 25 – 56.

Hodgson, G. M. (1999), *ECONOMICS AND UTOPIA : Why the learning economy is not the end of history*, Routledge. (若森章孝他訳『経済学とユートピア―社会経済システムの制度主義分析―』ミネルヴァ書房, 2004年。)

Hodgson, G. M. (2015), *Conceptualizing Capitalism Institutions, Evolution, Future*, The University of Chicago Press.

Kahneman, D. (2002), "Nobel Price Lecture : Maps of Bounded Rationality," (友野典男監訳:『ダニエル・カーネマン　心理と経済を語る』楽工社, 2011年。)

Kahneman, D. (2003a), "A Perspective on Judgment and Choice," *American Psychologists*, 58, pp. 697 – 720.

Kahneman, D. (2003b), "Maps of Bounded Rationality : Psychology for Behavioral Economics," *American Economic Review*, 93(5), pp. 1449 – 1475.

Kahneman, D. (2011), *Thinking, Fast and Slow*, Brockman. (村井章子訳『ファスト＆スロー　上・下』早川書房, 2012年。)

Kahneman, D. & Frederick, S. (2002), "Representativeness Revisited : Attribute Substitution in Intuitive Judgement," in T. Gilovich & D. Griffin & D. Kahneman, eds., *Heuristics and Biases : The Psychology of intuitive judgement*, Cambridge University Press.

Kahneman, D. & Knetsch, J. L. & Thaler, R. H. (1986), "Fairness and the Assumptions of Economics," *The Journal of Business*, 59(4), S285-S300.

Kahneman, D., Knetsch, J. L. & Thaler, R. H. (1991), "The Endowment Effect, Loss Aversion, and Status quo Bias," *Journal of Economic Perspectives*, 5(1), pp. 193 – 206.

Kahneman, D., & Tversky, A. (1973), "On the Psychology of Prediction," in D. Kahneman, P. Slovic, & A. Tversky, eds., *Judgment under Uncertainty : Heuristics and Biases*, Cambridge University Press.

Kauffman, S. A. (1995), *At Home in the Universe*, Oxford University Press. (米沢富美子監訳『自己組織化と進化の論理』日本経済新聞社, 1999年。)

Kauffman, S. A. (2000), *INVESTIGATIONS*, Oxford University Press. (河野至恩訳『生命と宇宙を語る』日本経済新聞社, 2002年。)

Kay, N. (1993), "Markets, False Hierarchies and the Role of Asset Specifity," pp. 242 – 261, in C. Pitelis, ed., *Transaction Costs, Markets and Hierarchies*, Blackwell.

Kreps, D. M & Wilson, R. (1982), "Reputation and Imperfect Information," pp. 581

参考文献

- 606, in J. J. Gabszewicz, & J. F. Thisse, eds., *Microeconomic Theories of Imperfect Competition Old Problems and New Perspectives*, Edward Elgar.
March, J. G. & Simon, H. A. (1993), *Organizations 2/E*, Wiley & Sons. (高橋伸夫訳『オーガニゼーションズ 第2版』ダイヤモンド社, 2014年。)
Lamoreaux, N. R., Raff. D. M, and Temin, P. (2003), "Beyond Markets and Hierarchies : Toward a New Synthesis of American Business History," *American Historical Review*, 108, pp. 404 - 433.
Langlois, R. N. (1989), "The New Institutional Economics : an Intoroductory Essay," pp. 1 - 25, in R. N. Langlois, ed., *Economics as a process*, Cambridge University Press.
Langlois, R. N. (1992), "Transaction-cost Economics in Real Time," *Industrial and Corporate Change*, 1(1), pp. 99 - 127.
Langlois, R. N. (1995a), "Capabilities and Coherence in Firms and Markets," pp. 71 - 100, in C. A. Montgomery, ed., *Resource-Based and Evolutionary Theories of the Firm : Towards a Synthesis*, Kluwer.
Langlois, R. N. (1995b), "Do Firms Plan ?," *Constitutional Political Economy*, 6, pp. 247 - 261.
Langlois, R. N. (2001), *The Vanishing Hand : the Changing Dynamics of Industrial Capitalism* Draft 3, University of Connecticut.
Langlois, R. N. (2002), "Modularity in Technology and Organization," *Journal of Economic Behavior & Organization*, 49(1), pp. 19 - 37.
Langlois, R. N. (2003), "The Vanishing Hand : the Changing Dynamics of Industrial Capitalism," *Industrial and Corporate Change*, 12(2), pp. 351 - 385.
Langlois, R. N. (2007), *The Dynamic of Industrial Capitalism : Schumpeter, Chandler, and the New Economy*, Routledge (谷口和弘訳『消えゆく手』慶應義塾大学出版会, 2011年。)
Langlois, R. N., 谷口和久編訳 (2009),「企業と組織経済学」『三田商学研究』52巻2号, 1頁 - 17頁.
Langlois, R. N. & Robertson, P. L. (1995), *Firms, Markets and Economic Change*, Routledge. (谷口和弘訳『企業制度の理論』NTT出版, 2004年。)
March, J. G. & Simon, H. A. (1958), *Organizations*, John Wiley & Sons. (土屋守章訳 (1977)『オーガニゼーションズ』ダイヤモンド社, 1977年。)
Marshall, A. (1961), *Priciples of Economics*, 9th ed. (1st ed. 1890), Macmilan. (馬場敬之助訳『マーシャル経済学原理』東洋経済新報社, 1965年。)
Marx, K. (1976), *Capital*, 1, translated by B. Fowkes from the 4th German edition of 1980.
Medema, S. G. (1994), *Ronald H. Coase*, St Martin's Press.
Modigliani, F. (2004), "Herbert Simon : Some Cherished Memories," pp. 373 - 75. in M. Augier & J. G. March, eds., *Models of a Man*, The Mit Press.

Nelson, R. R. & Winter, S. G. (1982), *An Evolutionary Theory of Economic Change*, Cambridge.（角南篤他訳『経済変動の進化理論』 慶應義塾大学出版会, 2007年。）

Neyman, A. (1985), "Bounded Complexity Justifies Cooperation in the Finitely Repeated Prisoner's Dilemma," *Economics Letters*, 19, pp. 227 − 9.

North, D. C. (1981), *Structure and Change in Economic History*, W. W. Norton.（中島正人訳『文明史の経済学』春秋社, 1989年。）

North, D. C. (1990), *Institutions, Institutional Change, and Economic Perdormance*, Cambridge University Press.（竹下公視訳『制度・制度変化・経済成果』晃洋書房, 1994年。）

North, D. C. (1991), "Institutions", *Journal of Economic Perspectives*, 5, pp. 97 − 112.

North, D. C. (2005), *Understanding the Process of Economic Change*, Princeton University Press.（瀧澤弘和・中林真幸監訳『ダグラス・ノース制度原論』東洋経済新報社, 2016年。）

Pitelis, C. (1993), *Market and Non-market Hierarchies Theory of Institutional Failure*, Blackwell.

Pitt, J. (2004), "Herbert Simon, David Hume, and Science of Man：Some Philosophical Implications of Models," pp. 483 − 500, in M. Augier & J. G. March, eds., *Models of a Man* .London, The Mit Press.

Rabin, M. (1998), "Psychology and Economics," *Journal of Economic Literature*, 36(1), pp. 11 − 46.

Rowlinson, M. (1997), *Organizations and Institutions：Perspectives in Economics and Sociology*, Macmilan.（水口雅夫訳『組織と制度の経済学－ゲーム的進化論から多国籍企業まで－』文眞堂, 2001年。）

Rubinstein, A. (1998), *Modeling Bounded Rationality*, The Mit Press.（兼田敏之.徳永健一訳『限定合理性のモデリング』共立出版, 2008年。）

Rubinstein, A. (1999), "Review of An Empirically Based Microeconomics," *Journal of Economic Literature*, 37, pp. 1711 − 2.

Rumelhart, D., Mcclelland, J. L. & PDP Research Group (1986), *Parallel Distributed Processing*, The Mit Press.（甘利俊一監訳『PDPモデル』産業図書）.

Sabel, C. F. and Zeitlin, J. (2004), "Neither Modularity nor Relational Contracting：Inter-Firm Collaboration in the New Economy. a Critique of Langlois and Lamoreau, Raff, and Temin," *Forthcoming in Enterprise and Society*, 5(3), pp. 1 − 26.

Sargent, T. J. (1993), *Bounded Rationality in Macroeconomics*, Oxford University Press.

Schumpeter, J. A. (1926), *Theorie der Wirlschaftlichen Entwicklung 2／E*. Munchen and Leipzig Verlag von Duncker & umblot.

Schumpeter, J. A. (1934), *The Theory of Economic Development*, Harvard University

参考文献

Press. Translation based on Schumpeter（1926）（1st ed. 1911）. （塩野谷祐一・中山伊知郎・東畑精一訳『経済発展の理論—企業利潤・資本・信用・利子および景気の回転に関する一研究』岩波書店，1980年。）

Schumpeter, J. A.（1949）, *Capitalism, socialism, and Democracy*, Harper and Brothers. （中山伊知郎・東畑精一訳『資本主義・社会主義・民主主義』東洋経済新報社，1951年。）

Selten, R.（1978）, "The Chain Store Paradox," pp. 548 – 80, in J. J. Gabszewicz, J. J. & J. F. Thisse, eds., *Microeconomic Theories of Imperfect Competition Old Problems and New Perspectives*, Edward Elgar.

Selten, R.（1988）, "Anticipatory Learning in Two-Person Games," Discussion Paper No.B-93, University of Bonn.

Selten, R.（1990a）, "Bounded Rationality," *Journal of Institutional and Theoretical Economics*, 146(4), pp. 649 – 658.

Selten, R.（1990b）, "Some remarks on bounded rationality," Discussion Paper, B-172, University of Bonn.

Selten, R.（2002）, "What's is Bounded ?," in G. Gigerenzer & R. Selten, eds., *The Adaptive Toolbox*, The Mit Press.

Sent, E. -M.（2004）, "Behavioural Economics : how psychology made its (limited) way back into economics," *History of Political Economy*, 36, pp. 735 – 760.

Simon, H. A.（1951）, "A Formal Theory of the Employment Relationship," pp. 293 – 305. in H. A. Simon, ed., *Models of Bounded Rationality*. 2, The Mit Press.

Simon, H. A.（1952）, "A Comparisons of Organization Theories, pp. 1 – 9, in H. A. Simon, ed., *Models of Bounded Rationality*. 2, The Mit Press.

Simon, H. A.（1954）, "Some Strategic Considerations in the Construction of Social Science Models," in H. A. Simon, ed., *Models of Bounded Rationality*. 2, The Mit Press.

Simon, H. A.（1955）, "A Behavioral Model of Rational Choice," in H. A. Simon, ed., *Models of Bounded Rationality*, 2, The Mit Press.

Simon, H. A.（1956）, "Rational Choice and Structure of the Environment," in H. A. Simon, ed., *Models of Bounded Rationality*, 2, The Mit Press.

Simon, H. A.（1957a）, *Administrative Behavior 2／E*, Macmillan. （松田武彦．高柳暁．二村敏子訳『経営行動』ダイヤモンド社，1965年。）

Simon, H. A.（1957b）, *Models of Man*, John Wiley & Sons. （宮沢光一監訳『人間行動のモデル』同文館，1970年。）

Simon, H. A.（1972a）, "Theories of Bounded Rationality," in H. A. Simon, ed., *Models of Bounded Rationality*, 2, The Mit Press.

Simon, H. A.（1972b）, *Human Problem Solving*, Prentice-Hall.

Simon, H. A.（1976）, "From Substantive to Procedural Rationality," in H. A. Simon, ed., *Models of Bounded Rationality*, 2, The Mit Press.

Simon, H. A. (1978), "Rationality as a Process and as a Product of Thought," in H. A. Simon, ed., *Models of Bounded Rationality*, 2, The Mit Press.
Simon, H. A. (1982), "Economics and Psychology," in H. A. Simon, ed., *Models of Bounded Rationality*, 2, The Mit Press.
Simon, H. A. (1983), *Reason in Human Affairs*, Blackwell.
Simon, H. A. (1985), "Human Nature in Politics: The Dialogue of Psychology with Political Science," *American Political Science Review*, 79, pp. 293 − 304.
Simon, H. A. (1986), "Rationality in Psychology and Economics," *The Journal of Business*, 59, pp. S 209 − 224.
Simon, H. A. (1987), "Making Management Decisions: the Role of Intuition and Emotion," *Academy of Management EXECUTIVE*, pp. 57 − 64.
Simon, H. A. (1990), "A Mechanism for Social Selection and Successful Altruism," pp. 205 − 216, in H. A. Simon, ed., *Models of Bounded Rationality*, 3, The Mt Press.
Simon, H. A. (1991a), *Models of My Life*, The Mit Press.（安西祐一郎・安西徳子訳『学者人生のモデル』岩波書店，1998年。）
Simon, H. A. (1991b), "Organization and Markets," pp. 217 − 240, in H. A. Simon, ed., *Models of Bounded Rationality*, 3, The Mit Press.
Simon, H. A (1996), *The Sciences of the Artificial 3/E*, The Mit Press.（稲葉元吉．吉原英樹訳『システムの科学 第3版』パーソナルメディア，1999年）
Simon, H. A. (1997a), *An Empirically Based Microeconomics*, Cambridge University Press.
Simon, H. A. (1997b), *Administrative Behavior 4/E*, The Free Press.（二村敏子．桑田耕太郎．高尾義明．西脇暢子．高柳美香訳『経営行動』ダイヤモンド社，2009年。）
Simon, H. A. (1997c), "Satisficing," pp. 295 − 298, in H. A. Simon, ed., *Models of Bounded Rationality*. 3, The Mit Press.
Smith, A. (1920), *An Inquiry into the Nature and Causes of the Wealth of Nations*, in E. Cannan, ed., Methuen.（玉野井芳郎・田添恭二・大河内暁男訳『アダムスミス 国富論』中央公論社，1968年。）
Smith, V. (1998), "Experimental Economics: Behavioural Lessons for Microeconomic Theory and Policy," in D. P. Jacobs, & E. Kalai, & M. I. Kamieb, eds., *The Nancy L. Schwarts Memorial Lectures*, Cambridge University Press.
Stigler, G. J. (1961), "The Economics of Information," *Journal of Political Econnomy*, 69. pp. 213 − 25.
Teece, D. J. (2007), "Explicating Dynamic Capabilities: The Nature and Micro-foundations of (Sustainable) Enterprise Performance," *Strategic Management Journal*, 28 (13), pp. 1319 − 1350.（渡部直樹編著『ケイパビリティの組織論・戦略論』中央経済社，2010年。）

Teece, D. J. (2009), *Dynamic Capabilities and Strategic Management*, Oxford University Press.(谷口和弘他訳『ダイナミック・ケイパビリティ戦略』ダイヤモンド社，2013年。)

Teece, D. J. and Pisano, G. (1994), "The Dynamic Capabilities of Firms: An Introduction," *Industrial and Corporate Change*, 3(3), pp.537 - 556.

Thaler, R. H. (1992), *The Winner's Curse*, The Free Press.(篠原勝訳『行動経済学入門』ダイヤモンド社，2007年。)

Tversky, A. & Kahneman, D. (1974), "Judgmemt under Uncertainty: Heuristics and Biases," in D. Kahneman & P. Slovic & A. Tversky, eds., *Judgment under Uncertainly : Heuristics and Biases*, Cambridge University Press, pp.3 - 20.

Tversky, A. & Kahneman, D. (1982), "Evidential Impacts of Base Rates," in D. Kahneman & P. Slovic & A. Tversky, eds., *Judgment under Uncertainly : Heuristics and Biases*, Cambridge Univercity Press, pp.153 - 60.

Tversky, A. & Kahneman, D. (1983), "Extensional versus Intuitive Reasoning: The Conjunction Fallacy in Probability Judgment," pp.114 - 35, in J. E. Adler & L. J. Rips, eds., *Reasoning*, Cambridge University Press,

Tversky, A. & Kahneman, D. (1986), "Rational Choice and Framing of Decisions," *The Journal of Business*, 59(4), S 251-S 278.

Tversky, A. & Kahneman, D. (1991), "Loss Aversion in Riskless Choice: A Reference-dependent Model," *The Quarterly Journal of Economics*, Nov, pp.1039 - 61.

Uchitelle, L. (2001), "Economists is Honored for Use Psychology," *New York Times*, 28, April.

Veblen, T. B. (1919), *The Place of Science in Modern Civilisation*, Russel & Russel.

Weber, M. (1947), "*The Theory of Social and Economic Organization*," Translated by A, M, Hendeerson & T. Persons, eds., The Free Press.

Weber, M. (1956), *Wirtschaft und Gesellschaft, Grundriss der verstehenden Soziologie*, vierte, neu herausgegebene Auflage, besorgt von Johannes Winckelmann, 1950, Kapitel ix, Soziokogie der Herrschaft, 1 - 7, Abschnitt (S.541 - 734).(世良晃志郎訳『支配の社会学1，2 経済と社会 第2部 第9章 第1節—7節』創文社版，1960年。)

Williamson, O. E. (1975), *Markets and Hierarchies : Analysis and Antitrust Im plications*, The Free Press.(浅沼萬里・岩崎晃訳『市場と企業組織』日本評論社，1980年).

Williamson, O. E. (1981), "The Economics of Organization: The Transaction Cost Approach," *American Journal of Sociology*, 87, pp.548 - 577.

Williamson, O. E. (1983), "Credible Commitments: Using Hostages to Support Exchage," *American Economic Review*, 73(4), pp.519 - 540.

Williamson, O. E. (1985), *The Economic Institutions of Capitalism*, Free Press.

Williamson, O. E. (1986a), *Economic Organization*, New York University Press.（井上薫・中田善啓監訳『エコノミックオーガニゼーション』晃洋書房，1989年。）

Williamson, O. E. (1986b), "The Economics of Governance : Flamework and Implications," pp. 171 - 202, in R. N. Langlois, ed., *Economics as a Process*, Cambridge University Press.

Williamson, O. E. (1990a), "Introduction," in O. E. Williamson, ed., *Organization Theory : From Chester Barnard to the Present and Beyond*, Oxford University Press.

Williamson, O. E (1990b), "Chester Barnard and the Incipient Science of Organization," pp. 29 - 53. in O. E. Williamson, ed., *Mechanisms of Governance*, Oxford University Press.（飯野春樹監訳『現代組織論とバーナード』文眞堂，1997年。）

Williamson, O. E. (1993), "Contested Exchange Versus the Governance of Constractual Relations," *Journal of Economic Persepectives*, 7(1), pp. 103 - 108.

Williamson, O. E. (1996), *The Mechanisms of Governance*, Oxford University Press.（石田光男・山田健介訳『ガバナンスの機構　経済組織の学際的研究』ミネルヴァ書房，2017年。）

Williamson, O. E. (2000), "The New Institutional Economics : Talking Stock, Looking Ahead," *Journal of Economic Literature*, 38(3), pp. 595 - 613.

Williamson, O. E (2002), "Empirical Microeconomics : Another Perspective," pp. 419 - 441, in M. Augier and J. G. March, eds., *The Economics of Choice, Change and Organization Essays in Memory of Richard M. Cyert*, Edward Elger.

Williamson, O. E. (2004), "Herbert Simon and Organization Theory," pp. 279 - 295, in M. Augier and J. G. March, eds., *Models of a Man, Essays in Memory of Herbert A. Simon*, The Mit Press.

Williamson, O. E. (2007), "An Interview with Oliver Williamson," *Journal of Institutional Economics*, 3(3), pp. 369 - 386.

Winter, S. G. (1982), "An Essay on the Theory of Production," pp. 55 - 91, in S. H. Hymans, ed., *Economics and the World Around it*, University of Michigan Press.

今井賢一（2008）『創造的破壊とは何か　日本産業の再挑戦』東洋経済新報社。

大町慎吾・花田昌宜・平野泰朗（1998）「企業組織と市民社会」八木紀一郎他編著『復権する市民社会論』日本評論社。

金子勝（1997）『市場と制度の政治経済学』東京大学出版会。

川越敏司（2010）『行動ゲーム理論』NTT出版。

川端久夫　「再び，『個別資本の理論』について」熊本学園商学論集，2（2・3），熊本学園商学会，1995年。

川端久夫　「再び『個別資本の理論』について―個別資本説と『組織の経済学』の接点―」『熊本学園大学商学論集』2（2・3），熊本学園大学商学会，1997年。

参考文献

川端久夫　「近代組織論と現代経済学」『熊本学園商学論集』4，熊本学園大学商学会，1997年．

神崎宣次　「ハーバード・サイモンの多少混乱した概念」『実証哲学研究』29，実証哲学学会，2006年．

佐伯胖（1986）『認知科学の方法』東京大学出版会．

塩沢由典（1990）『市場の秩序学』筑摩書房．

盛山和夫（1995）『制度論の構図』創文社．

高巌（1995）『H.A. サイモンの研究』文眞堂．

高橋伸夫　「『限定された合理性』はどこに」『赤門マネジメント・レビュー』第7号，2008年．

田中俊也　「情と理のはざまで(2)－レベル2とレベル3の認知・知識－」『関西大学　文学論集』68(3)，関西大学文學會，2018．

谷口和久　「企業制度論に向けて（Ⅱ）」『三田商学研究』49(7)，63頁－79頁，2007年．

友野典男（2006）『行動経済学　経済学は「感情」で動いている』光文社新書．

中沢孝夫・藤本隆宏・新宅純二郎（2016）『ものづくりの反撃』ちくま書房．

中村竜哉　「R.H.コースによる企業の理論についての一考察(1)」『商学討究』50（2・3），2000年．

中村竜哉　「R.H.コースによる企業の理論についての一考察(2)」『商学討究』50(4)，2000年．

名和隆英　「生産システムの制度的構造」『立教経済学研究』56(1)，2002年．

名和隆英　「グローバル価値連鎖の統治構造」『立教経済学研究』69(1)，2015年．

西部邁（1975）『ソシオ・エコノミックス　集団の経済行動』中央公論社．

新田滋　「経済学における企業組織，公共機関，自生的秩序─市場原理と現代経済学」『茨城大学教養部紀要』27，1994年．

馬場宏二（2003）『マルクス経済学の活き方　批判と好奇心』御茶の水書房．

林貴志　「限定合理性研究の２つのジレンマ」，http://d.hatena.ne.jp/tkshhysh/20110102/1294034165．

藤本隆宏（2004）『日本のもの造り哲学』日本経済新聞社．

藤本隆宏　「複雑化する人工物の設計・利用に関する補完的アプローチ」『横幹』3(1)，2009年．

丸山眞男（1996）『丸山眞男集　第十一巻　1979－1981』岩波書店．

村上泰亮（1992）『反古典の政治経済学（下）』中央公論社．

松井彰彦（2002）『慣習と規範の経済学』東洋経済新報社．

松島斉（1997）「限定合理性の経済学：あるゲーム・セオリストの見方」大山道広．西村和雄．林敏彦．吉川洋編『現代経済学の潮流1997』東洋経済新報社，1997年．

山口重克（1996）『価値論・方法論の諸問題』お茶の水書房．

依田高典（2010）『行動経済学　感情に揺れる経済心理』中公新書．

米川清　「満足化原理は棄却されたのか？」『第62回全国大会予稿集』日本情報経営学会，2011年．

米川清 「限定合理性は認知的錯視ではない」『第63回全国大会予稿集』日本情報経営学会，2011年.
米川清 「再び，限定合理性とは何か」『第64回全国大会予稿集』日本情報経営学会，2012年.
米川清 「ウィリアムソンはサイモンを裏切ったのか」『第65回全国大会予稿集』日本情報経営学会，2012年.
米川清 「組織と市場―サイモンとウィリアムソンの見解の相違-」『第66回全国大会予稿集』日本情報経営学会，2013年.
米川清 「偽りの階層―O. E. ウィリアムソンへの2，3の批判―」『第67回全国大会予稿集』日本情報経営学会，2013年.

あ と が き

　本書は還暦を過ぎて，若手の研究者にまじって発表させていただいた内容がベースとなっている。若手研究者たちからは，よい刺激をいただいた。
　とくに学を志したわけでもなく，40才を目前にして，ある事情から，思いつきだけで論文の真似事を始めた。そんな私を導き，支えてくださったお二人の先生の学恩を忘れ，いつまでも居心地のよい殻に閉じこもって，寡黙なままでいてよいわけがない。
　振り返れば，いつも一夜漬けの勉強で間に合わせた。本書は，どうにか２年漬けくらいにはなった。スロースターターと言えば聞こえはよいが，鈍足は変わらず，遅れてきた老人になっていた。流れた時間を思うと，少しだけ茫然としてしまう。

　まず，平田正敏先生。先生は，たった１本の，しかも習作の短文に目をとめてくださり，アカデミズムの世界ではノンキャリアの私を大学教員の道へと導いてくださった。
　先生は無類の読書家で，週に２，３度，夜に電話をいただいた。先生の恩師の馬場克三先生の話題やシステム理論，新進気鋭の研究者の新刊本，パースやハイデッガーなどの哲学書に至るまで，長時間，お話をお聞きした。無知な割に生意気であった私は何度か非礼な反論をして，先生を失望させた。数日後，お詫びの電話をすると，奥様が笑って出られ，集中講義の出張先のホテルにおられると平田先生から伝言があったとおっしゃられた。救われる思いで，出張先のホテルに電話をしたのが，昨日のことのようである。先生は呵々大笑され，何事もなかったように，最新の話題を快活に話してくださった。

　組織論を教えていただいたのは，川端久夫先生である。経営学というよりも，思考の沈潜について，先生の管理者活動のご研究の執筆過程を盗み見て，リア

141

ルタイムで学んだ。

　初めて，お話をさせていただいたのは，九州大学を定年退官され，私の勤務先の大学に着任された年の翌年くらいであった。60代の半ば近くにはなられていたが，抜群の頭の切れで，短い言葉で，複雑に入り組んだ学説の的を射抜かれた。

　以来，研究会という名目で，サイモンの利他主義やサミュエルソンのAER論文の翻訳の添削，サイモンやウィリアムソンのことなど，大学院の研究科長室で，月に一度，日が暮れるころまで教えていただいた。その大学院の研究棟は，今はもうない。

　研究会は先生の定宿であった仙寿荘（このホテルも今はない）でも続いた。ビールを飲みながら，ゴットルやローズマリー・スチュアートであるとか，先生が炭鉱賃労働を初期の研究テーマとしていたこと，文学談義，今日的話題など，話題は盛りだくさんだった。ともすると，エキセントリックで，的外れになりがちな私の意見も，先生は笑って見逃してくださった。あんな贅沢な時間は，もう2度とないだろう。

　川端先生は，当時のことを'効能もあった雑談'とおっしゃってくださるが，それは，大学院生の研究指導というよりも，学部学生の指導のようなものであった。そして，今でも年に一度は学会の九州部会でお会いし，懇親会では，お聞きしたかったことや話したかったことなど聞いていただき，先生の微妙な反応を凝視している。

　本書を刊行するにあたり，熊本学園大学の出版委員会から助成をいただいた。深く感謝したい。また，商業性のない本書に理解を示してくださった税務経理協会，ならびに筆者のようなロートル研究者をあたたかく見守って下さった峯村英治氏に対して，お礼の言葉も見いだせないほど感謝している。

　2019年3月20日
　母が退院する日に

　　　　　　　　　　　　　　　　　　　　　　　　　　　米川　清

初 出 一 覧

(原題)

第1章　限定合理性への謬見　熊本学園商学論集　第17巻第2号　熊本学園大学商学会　2013年3月。
　　　　限定合理性をめぐって―満足化原理は棄却されたのか―　経営哲学　経営哲学論集　第32集　第13巻1号　経営哲学学会　2016年3月。
　　　　2つの限定合理性　経営学論集第86集　日本経営学会　2016年6月
第2章　「企業の本質」再考―四つの切り口から　進化経済学会論集　第15集　進化経済学会　2011年3月。
第3章　オリバー・ウィリアムソンへの疑問　熊本学園商学論集　第18巻第2号　熊本学園大学商学会　2014年3月。
第4章　「消えゆく手」仮説についての2,3の疑問　経営学論集第87集　日本経営学会　2017年5月。
第5章　市場＝階層アプローチからガバナンス構造アプローチへ―ウィリアムソンの方針転換についての批判的検討―　熊本学園商学論集　第23巻第1号　熊本学園大学商学会　2019年1月。
　　　　オリバー・ウィリアムソンの批判的検討―機会主義の盲点と市場の失敗の挫折―　経営学史学会　第25回全国大会　2017年5月。
第6章　2つの限定合理性と動機の限界　『熊本学園商学論集』第20巻第1号　熊本学園大学商学会　2015年12月。

人名索引

【ア行】

アーサー（Arthur, B.）……………31,32
アール（Earl, P. E.）……………2,27,29
アカロフ（Akerlof, G. A.）……………125
アルチャン（Alchian, A.）……63,76,86
アレ（Allais, M.）……………28,29,114
アロー（Arrow, K. J.）……9,14,19,60,72
ウィリアムソン（Williamson, O.E.）
　　　…………1,7,8,47-76,80,83,93-109
ウィルソン（Wilson, R.）……………118
ウィンター（Winter, S. G.）……20,76,104
ウェーバー（Weber, M.）……84,85,108
ウェスト（West, R.）……………………26
ヴェブレン（Veblen, T. B.）……………104
エッゲルトソン（Eggertsson, T.）……38
エドワーズ（Edwards, W.）……………16
オージェ（Aujier, M.）……………55,57,58
オーマン（Aumann, R. J.）……………4,21
大町慎吾……………………………………34

【カ行】

カーネマン（Kahneman, D.）
　　　………7,9,10,12-14,19,20,25-31
　　　　　　111,112, 114, 115, 126
カウフマン（Kauffman, S. A.）
　　　…………………………31,32,127
川越敏司……………………………………57
ギーゲレンツァー（Gigerenzer, G.）
　　　………………2-4,9-13,25,124
ギルボア（Gilboa, I.）…………9,13,22,23

グート（Güth, W.）………51,111,125,126
グールド（Gould, S. J.）…………………10
クネッチ（Knetsch, J.）………29,112,114
グラノヴェター（Granovetter, M.）
　　　……………………………47,50,67-71
クリステンセン（Cristensen, C. M.）……90
クレプス（Kreps, D. M.）………………118
ケイ（Kay, N. M.）……………………2,47,73
ゴフマン（Goffman, E.）…………………49
コース（Coase, R. H.）
　　　…………1,33-46,51,58,59,66,74
　　　　　　　　76,77,86,87,93-95,126
コーエン（Cohen, L.）……………………12
コモンズ（Commons, J. R.）……………60

【サ行】

サージェント（Sargent, T. J.）……………6
サイアート（Cyert, R. M.）………………20
ザイトリン（Zeitlin, J.）……………89,90
サイモン（Simon, H. A.）
　　　…1,3-32,47-52,55,57,58,63,64,66-69
　　　　　72,74,75,83,97,98,104,108,111-127
シェリング（Schelling, T. C.）…………49
シュマイドラー（Schmeidler, D.）………22
シュンペーター（Schumpeter, J. A.）
　　　……………………………80,81,84,85
スタノビッチ（Stanovich, K.）…………26
セイブル（Sabel, C. F.）……………89,90
セイラー（Thaler, R. H.）…29,30,112,114
セルズニック（Selznick, P.）……………108
スティグラー（Stigler, G. T.）………6,21

145

スミス（Smith, A.）･････････76,77,81-83
スミス（Smith, V.）･･･････････････30,31
ゼルテン（Selten, R.）
　････8,21,111,115,118,120,122,123,126
セント（Sent, E. M.）･･････････････････28

【タ行】

ダールマン（Dahlman, C. J.）･･･････55,60
ダウ（Dow, J.）･････････････････････････7
ダマシオ（Damasio, A.）･･･････････････122
チェスブロー（Chesbrough, H.）･･･････90
チャンドラー（Chandler, A. D.）
　･････････････････････････43,75,77,78,80
ティース（Teece, D. J.）････75,76,87,108
デイビットソン（Davidson, D.）･･･････118
ディビス（Davis, L. E.）･････････････102
テミン（Temin, P.）････････････････････83
デムゼッツ（Demsetz, H.）･･････63,76,86
トヴェルスキー（Tversky, A.）
　････7,9,10,12,13,19,20,25-30,111,114

【ナ行】

ナイト（Knight, F. H.）･･･････39,76,126
ネイマン（Neyman, A.）･････････････････7
ネルソン（Neson, R. R.）･･････････20,76
ノース（North, D. C.）
　･･････････････････59,98,102,103,106,109

【ハ行】

ハーサニ（Harsanyi, J. C.）･････････････21
バーナード（Barnard, C. I.）
　････24,47,55,64,67-71,84,104-106,108
バーリ（Berle, A. A）･･････････････････80
ハイエク（Hayek, F. A.）･･････33,104,105

バターフィールド（Butterfield, H.）････83
ピグー（Pigou, A.）････････････････37,38
ピテリス（Pitelis, C.）････････････56,74
フーリー（Fourie, F. C. v. N.）
　････････････････････････2,41-45,59,63,95
藤本隆宏････････････････････････････88,89
フリードマン（Friedman, M.）･･････････5
フレデリック（Frederick, S.）･････14,26
ピット（Pitt, J.）････････････････････20,31
ビヤンクール（Biencourt, O.）･･･････15
ビンモア（Binmore, K.）･････････10,12
ホジソン（Hodgson, G. M.）
　･･････1,40,41,44,45,56,60,76,87,103

【マ行】

マーシャル（Marshall, A.）･････81,82,85
マーチ（March, J. G.）････20,22,55,57,58
松島斉･･･････････････････････････････8,9
マルクス（Marx, K.）･････････36,37,76
丸山真男･･････････････････････････････50
ミーンズ（Means, G. C.）･････････････80
村上泰亮････････････････････････････50
メディマ（Medema, S. G.）･･･････････39
モジリアーニ（Modigliani, D.）･･････32

【ラ行】

ラフ（Raff, D. M.）････････････････････83
ラビン（Rabin, M.）･････････････････････30
ラメルハート（Rumelhart, D.）･･･････120
ラモロウ（Lamoreaux, N. R.）･････････83
ラングロワ（Langlois, R. N.）
　････････････････････････････････1,21,75-91
リチャードソン（Richardson, G. B.）･･･77
ルビンシュタイン（Rubinstein, A.）･････7

人名索引

ロビンズ(Robbins, L.) ……………20

事項索引

【あ】

ICT技術 …………………………80, 81
アノマリー ………………31, 114, 115
アントレプレナーシップ ……………85

【い】

意識的，計画的適応 ………………105
一度限りの出来事 ……………………10

【う】

請負契約（役務契約）………47, 63, 65

【え】

M型組織 …………………61, 93, 101
MPU …………………………………88

【か】

外部経済 ……………………………82
学習 ………77, 81, 82, 103, 104, 106, 107, 122
確率加重関数 …………………29, 114
価値関数 ………………29, 111, 112, 114
価値前提 ………………………49, 119
ガバナンス構造 …………51, 54, 59, 62
　　　　　　　　　　　97-103, 106
カリスマ的支配 ………………………84
完全合理性 …………4, 5, 15, 16, 19, 25, 30
官僚制コスト ………………………100

【き】

消えゆく手 ………75, 77, 78, 80, 81, 82

【き】(続き)

機会主義 ………48-52, 54, 65, 66, 93, 98, 99
企業文化 ………………………103-106
記述的理論 ……………………………31
基準率無視 ……………………………12
キツネとハリネズミ …………………57
規模の収穫逓減 ………………………40
局所的サーチ …………………………20

【く】

グローバル・エコノミー ………75, 91

【け】

経営者資本主義 …………78, 79, 80, 85
計算コスト …………………………8, 21
契約アプローチ …………34, 36-37, 102
経路依存性 …………………………107, 108
限界の三角形 …………………………17, 18
現状維持バイアス ………………………112

【こ】

コースの定理 ………………37-39, 126
コースの二面性 ………………………34
後期シュンペーター …………………85
行動経済学 ………9, 10, 20, 28, 30, 55, 115
行動ゲーム理論 ……………31, 51, 57
合理的経済人仮説 ………………15, 19
個人資本主義 …………………43, 79, 85
個人人格 ………………………………48
雇用契約 ……………36, 59, 63, 65, 86, 95, 99
コングロマリット ……………78, 93, 95
根本的変容 …………………………100

149

【さ】

最後通牒ゲーム……………51,125,126
再認（ヒューリスティックス）
　………………………………24,25,114
残余的範疇……………1,3,4,14,111

【し】

自営独立………………………42,45
資産特殊性……………………96
事実前提………………………31,119
市場−階層アプローチ………47,59,73
　　　　　　　　　　93-96,101,102
システミックなイノベーション……79,80
システム1……………………26-29
システム2……………………26-29,114
自生的…………………………105
事前確率………………………3,12,16
自然状態………………………41
実験経済学……………………30
実質合理性……………15,18,21,25
自発的適応……………………105
資本主義………………54,73,84,85,101
集合的連帯……………………45
従順性…………………………51,72
主観的期待効用（SEU）……2,3,13,27,28
熟慮（プロセス）……14,18,19,27,114,123
受容圏…………………………64,67-69,71
準分解可能性…………………83
上位権威の仮構………………69,70
少数性……………52,61,65,66,93,100
情動……………119,122,124,125,126
序数的効用……………………20,114
自律的イノベーション………79,80

【さ】(right column)

事例ベース……………………22
神経経済学……………………123
新制度派組織論………………101,103
迅速，倹約的ヒューリスティックス
　………………………………5,25
心理学的妥当性………………124

【す】

垂直統合………………51,61,63,66,77-80,93
スミス的分業…………………77,80-83,87
擦り合わせ（インテグラル）……88-90

【せ】

生存可能………………………20
生態的合理性…………………124
制度的環境………73,98,100-103,106,109
制度的取り決め………………102
制約付き最大化………3,4-9,15,21,126
制約的要因……………………49
前期シュンペーター…………84
選択的介入の不可能性………100

【そ】

組織一体化……………………18,48,51,75
組織人…………………………52,53
組織人格………………………48,104
組織目標………………………49
組織ルーチン…………………20,104
尊厳性…………………………52-54,72
損失回避性……………………29,111

【た】

代表性…………………………9,12
タスク環境……………………123,124

単純階層 ……………61,63,65,66,93,95
断続平衡説 …………………………102

【ち】

チェーンストアパラドックス
　…………………………8,115-118,122
長期契約 ……………………36,83,97
直感 ……………………10,14,23-27

【て】

定理なき理論 ………………………9
デカルト的 …………………………21
手続合理性 ……………15,18,19,23,25

【と】

動学的取引費用 ……………………80
動機と理性の弱点 ………50,72,119,126
動機の限界 …………118,119,123,125
取引費用経済学（TCE）
　………………7,47,52,53,55,56,87
　　　　93,97,101,105,106,109

【な】

内生的選好 …………………99,105,108
内部請負制度 ……………………64,65
内部市場 ……………………47-61
内部労働市場 ……………………61,62,64

【に】

二重プロセスモデル ……………14,23,26
ニューエコノミー …………………75,79
認知的錯視（認知的錯誤）…11,25,27,124

【の】

能力アプローチ ………75,76,81,86,87,108
能力ベース …………………………76

【は】

販売契約（売買契約）……36,59,63,86,99

【ひ】

比較静学（アプローチ）………76,106-108
比較費用（アプローチ）……………34,35
評価局面 ……………………………114
評判効果 ……………………………118

【ふ】

複合階層 ……………………63,64,66,95
フレーミング効果 ………………14,28,29
プロスペクト理論 ……………14,28,29,30
　　　　　　　　　　　　　111-115
雰囲気 ………………………52,61,62,72

【へ】

ベイズの定理 ………………………12
編集局面 ……………………………114

【ほ】

方法論的個人主義 …………30,103-106,108

【ま】

満足化 ……………5,14,16,18,19-32,55
　　　　　　　　　111,114,115,125,126

【み】

見える手 ……………………77,78,80-82

【む】

無関心圏 …………………………… 67-71

【も】

モジュール化 ………………… 79,81,86-90
問題空間 ……………………………123-125

【ゆ】

U型組織 ……………………………… 61,101

【よ】

要求水準 ……… 20,22,23,27,28,114,115

【り】

離散構造分析 ………………… 72,99,103
リンダ問題 …………………………… 10,11

【れ】

レベルK理論 …………………………… 57
連言錯誤 ……………………………… 10,11

著者紹介

米川　清（よねかわ　きよし）

1950年埼玉県生まれ。1973年，早稲田大学政経学部卒業。同年，三井情報開発株式会社入社。1992年12月，同社退社。1993年4月～熊本学園大学（旧熊本商科大学）商学部，現在，熊本学園大学商学部教授，専攻，経営学，システム論。

著書：「商社会計情報論」（税務経理協会，1994年）

共著：「情報システムの進路」（税務経理協会，1993年）

著者との契約により検印省略

令和元年8月20日　初版第1刷発行	**限定合理性への謬見** －はじめに組織があった－

著　者	米　川　　　清
発行者	大　坪　克　行
製版所	税経印刷株式会社
印刷所	有限会社山吹印刷所
製本所	牧製本印刷株式会社

発行所　〒161-0033 東京都新宿区下落合2丁目5番13号　株式会社 税務経理協会

振替 00190-2-187408
FAX (03)3565-3391
URL http://www.zeikei.co.jp/
電話 (03)3953-3301（編集部）
　　 (03)3953-3325（営業部）

乱丁・落丁の場合は，お取替えいたします。

© 米川　清 2019　　　　　　　　　　　　　　Printed in Japan

本書の無断複写は著作権法上での例外を除き禁じられています。複写される場合は，そのつど事前に，（社）出版者著作権管理機構（電話 03-3513-6969，FAX 03-3513-6979，e-mail：info@jcopy.or.jp）の許諾を得てください。

JCOPY ＜(社)出版者著作権管理機構 委託出版物＞

ISBN978-4-419-06610-9　C3034